KB252310

사례로 배우는
경영의 슬기

유필화 지음

한·언

KPI Publishing Co.

# 지은이 소개

유필화 교수는 서울대학교(경영학사)와 미국 노스웨스턴대학교(경영학석사), 하버드대학교(경영학박사)에서 공부하였으며, 독일의 빌레펠트대학에서 가르쳤고, 역시 독일의 독일경영연구원(USW)에서 연구하였다.

1987년부터 성균관대학교 경영학부 교수로 재직중인 그는 일본 게이오대학의 비즈니스 스쿨에서 1년간 방문교수로 근무하였으며, 현재 한국경영학회의 편집위원장이기도 하다.

그는 국내외에서 많은 논문을 발표하였으며, 일본의 동양경제신보사에서 나온 《付加價値の源泉》을 비롯하여, 《현대마케팅론(현재 제4판)》, 《가격정책론》, 《부처에게서 배우는 경영의 지혜》 등 지금까지 14권의 저서를 출간한 왕성한 저술가이다.

그는 삼성전자, 삼성전관, 한국가스공사, (주)대상 등 약 20개 회사의 경영고문을 역임하였고 많은 컨설팅 프로젝트를 수행하였으며, 현재 제일기획과 라미화장품의 사외이사이다.

영어 · 독일어 · 일본어를 유창하게 구사하는 그는 오늘도 새로운 지식의 습득과 창출에 몰두하고 있는 전형적인 신지식인이다.

사례로 배우는 경영의 슬기

1997년 초겨울, 느닷없이 한반도에 들이닥친 이른 바 IMF 한파로 말미암아 우리는 한국기업의 경쟁력이 얼마나 약한가를 뼈저리게 느끼게 되었다. 우리나라 상장기업의 시장가치를 모두 합친 액수가 미국의 어느 대기업의 값어치보다도 적다는 등의 말을 들으면 한편으론 짜증나고 또 한편으론 자존심이 무척 상한다. 그러나 그것이 바로 우리의 실력이며 현실이다. 그리고 모든 어려움의 극복은 바로 이렇게 주어진 현실을 아무런 편견이나 선입견 없이 있는 그대로 바라보는 데서 시작된다.

이제 우리는 현실을 겸허하게 받아들이면서 차근차근 그리고 절대로 물러서지 않겠다는 자세로 실력을 쌓아올려야 한다. 늦게나마 우리의 현주소가 어딘지를 깨닫게 해준 그 무엇인가에 고마움을 느끼면서…….

이 책은 우리 기업들이 국제경쟁력을 갖추는 데 조금이나마 도움을 주겠다는 간절한 마음으로 쓰어졌다. 구체적으로 이 책은 우리가 관심을 둘 만한 해외 기업들의 최근사례를 소개하고, 각 사례의 시사점 및 교훈을 음미하며, 또 사례들의 내용과 관련된 이론 및 필자의 생각을 제시하고 있다. 이 책이 이렇듯 다른 나라의 기업을 다루는 까닭은, 말할 것도 없이 남을 통해 우리를 돌아보기 위한 것이다. 사실 늘 자기를 돌아보는 기업이나 사람은 반드시 발전하게 되어 있다.

이 책에 나오는 회사들은 그 업종이 갖가지인데다가 사례의 내용들이 대부분 90년대에 일어난 이야기이며, 개중에는 아주 최신의 이야기도 적지 않게 섞여 있다. 따라서 읽는 분들은 다양한 업종에 속해 있는 여러 외국회사들의 최근 움직임을 흥미있게 접할 수 있을 것이다. 또 몇 개의 사례만 제외하면 나머지는 모두 짤막한 이야기들이므로 독자들은 사례 하나하나를 큰 부담 없이 읽을 수 있다. 그러나 각 사례는 꼭 음미해볼 만한 내용을 포함하고 있으므로, 읽는

분들은 필자가 전달하고자 하는 메시지에 주목하기
바란다.

여기에 실린 사례들의 상당수는 98년 5월부터 12
월까지 약 8개월 여에 걸쳐 〈한국경제신문〉에 연재
된 내용이다. 고정칼럼을 통해 많은 독자들과 만날
수 있게 해준 한국경제신문사의 관계자 여러분께 감
사를 드린다. 또 성균관대학교 대학원의 남윤정, 민복
기, 조용문 조교는 집필과 관련한 많은 일을 매끄럽
게 처리해주었다. 그들에게도 깊은 고마움의 뜻을 표
하며, 이 모든 분들의 지극한 정성이 우리 기업의 경
쟁력향상으로 이어지기를 기원한다.

1999년 3월

유 필 화

제 1부. 경쟁에서 살아남는 길

차 례

Contents

제 2부. 기업의 성패는 결국 '고객' 에 달려 있다

제3부. 선택과 집중의 경영전략

제4부. 독일기업에게서 배운다

제5부. 사례로 배우는 국제마케팅

1. 국제마개팅 환경의 평가 ·····················151

2. 진출방법의 결정 ·····················156

3. 마케팅 프로그램의 결정 ·····················170

경쟁에서 살아남는 길

테마사례

월마트는 어떻게 K마트를 이겼는가?

1995년 3월, 미국의 대표적인 할인점의 하나인 K마트(Kmart)의 회장 죠셉 안토니니(Joseph Antonini)가 회장직을 사임했다. 그가 사임함으로써 30여 년에 걸친 월마트(Wal-mart)와 K마트 간의 주도권 쟁탈전은 일단 월마트의 승리로 끝이 났다.

그러나 1987년 안토니니가 K마트에 부임했을 때만 해도 K마트는 월마트보다 월등히 앞서 있었다. K마트는 2,223개의 점포와 256억 달러의 외형을 갖고 있는 데 반하여, 월마트의 점포 수는 1,198개에 불과했고 매출액 또한 160억 달러에 지나지 않았다. 순이익도 K마트가 더 많은 편이었다(그림 1-1 참조). 더구나 K마트는 주로 도심의 비싼 땅에 위치해 있었고, 월마트는 대체로 중소도시의 한적한 외곽지역에 자리잡고 있었다. 하지만 월마트는 급속히 점포망을 확장하고 있었기 때문에 대도시에서 K마트와 맞붙는 일은 이제 시간문제였다.

이에 대비하여 안토니니는 마케팅, 특히 광고에 힘을 기울였는데, 그 결과 K마트는 인지도면에서 월마트와의 차이를 크게 벌려놓을 수가 있었다. 사실 80년대 말에만 하더라도 대부분의 미국인들이 월마트의 점포는커녕 이 회사의 광고도 본 적이 없을 정도로 월마트의 인지도는 낮았다고 한다. 그러나 월마트의 샘 월튼(Sam Walton) 회장은 이에 개의치 않고 본사와 각 점포를 연결하는 컴퓨터시스템과 트럭, 그리고 유통센터의 건설에 많은 돈을 투자하였으며, 유통센터를 중심으로 점포를 개설해나갔다. 이렇게 함으로써 월마트는 점포망을 더 잘 통제할 수 있게 되었을 뿐만 아니라 많은 비용을 절감할 수 있었다.

요컨대 K마트는 지속적으로 회사의 이미지와 점포애호도를 높이려고 애쓴 데 반해, 월마트는 궁극적으로는 가격이 가장 중요한 요인이라고 생각하고 원가를 낮추는 데 힘을 기울인 것이다. 또한 앞으로는 유통업계에서 할인점의 비중이 커질 것이라고 전문가들이 예측한 것에 대하여, 이 두 회사는 전혀 다른 길을 선택했다. K마트의 안토니니는 할인점에 대한 의존도를 낮추기 위해 스포츠용품을 파는 스포츠오소리티(Sports Authority), 사무용품 체인 오피스맥스(OfficeMax) 등 할인점 이외의 부문을 강화했다.

그러나 월튼은 안토니니와는 정반대로 그야말로 모든 것을 할인판매에 걸었다. 그는 캘리포니아에 본사를 둔 프라이스 클럽(Price Club)을 본따서 회원제 할인점인 샘스 클럽(Sam's Club)을 시작했고, 또한 할인점과 식품점을 결합한 슈퍼센터(Supercenter)라는 새로운 업태를 개발한다. 예전에 월튼은 하이퍼마트(Hypermart)라는 슈퍼센터와 비슷한 개념의 점포를 시도했다가 실패한 쓰라린 경험을 갖고 있다. 이 하이퍼마트는 소비자들이 물건을 찾기 힘들 정도로 가게가 지나치게 넓은 것이 흠이었다. 그래서 월튼은 하이퍼마트보다 작은 규모의 슈퍼센터를 고안하게 된 것이다.

1990년, 월마트는 드디어 K마트를 따라잡는다. 즉 K마트가 299억 달러를 버는 동안에 월마트는 326억 달러의 매출을 올린 것이다. 더구나 월마트의 점포 수(1,721개)가 K마트(2,330개)보다 여전히 적은데도 불구하고 K마트보다 더 큰 외형을 자랑하게 된 것이다.

그러나, 이즈음의 월마트는 거의 모든 중소도시에 이미 진출해 있는

〈그림 1-1〉 월마트와 K마트의 매출액 및 순이익

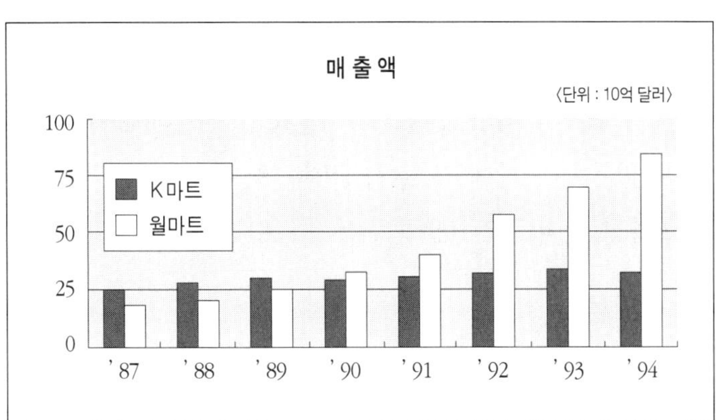

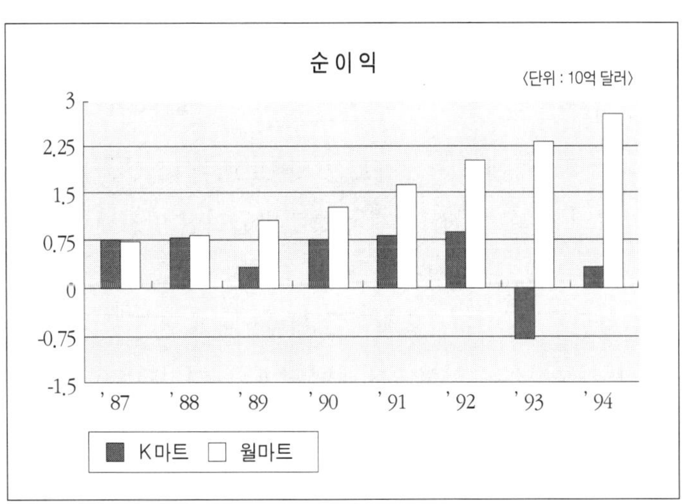

상태였기 때문에 이제 지속적으로 성장하기 위해서는 K마트의 아성인 대도시로의 본격적인 진출을 서둘러야 했다. 안토니니는 이러한 월마트의 침공에 대비하여 무려 35억 달러의 돈을 들여 5년에 걸쳐 K마트의 점포를 대대적으로 쇄신하는 작업에 착수한다.

하지만 판매현장에서는 점포의 화려한 겉모습보다는 눈에 잘 안띄는 소프트웨어가 더 중요해지고 있었다. 예를 들어, 월마트의 아주 정교한 유통 · 재고 · 스캐너 시스템 덕분에 손님들은 사고 싶은 물건을 늘 가게에서 찾을 수 있었으며, 점원이 물건값을 알아보느라고 시간을 끄는 적도 없었다. 반면에 K마트의 금전등록기는 틀린 가격을 찍기 십상이었으며, 그들의 종업원은 훈련부족으로 말미암아 재고를 잘 관리하지 못했다.

1992년, 월튼이 74세의 나이로 세상을 떠나자, 데이비드 글라스(David Glass)가 그의 뒤를 잇는다. 글라스는 모든 부문에서의 '철저한 원가절감' 이라는 월튼의 경영방침을 그대로 계승하였는데, 그 결과 월마트는 땅값이 비싼 대도시에서도 K마트보다 더 싸게 물건을 팔 수가 있었다.

또한 다각화전략에서도 월마트는 K마트보다 더 성공을 거두었다. K마트를 할인점과 전문점의 제국으로 만들려던 안토니니의 계획은 93년 말부터 실패였음이 드러나기 시작했다. 왜냐하면 힘이 분산된 K마트는 할인점 분야에서 급속도로 월마트에게 시장을 빼앗겼을 뿐만 아니라, 전문점의 수익성도 기대에 크게 못 미쳤던 것이다. 반면 일반상품과 식료품을 같은 가게에서 싸게 판다는 개념으로 시작된 월마트의 슈퍼센터는 전국적으로 엄청난 인기를 끌었다.

그리하여 K마트도 그것을 흉내낸 슈퍼 K마트(Super Kmart)를 시작하게 된 것이다. 그러나 슈퍼 K마트에 돈을 투입하는 바람에 안토니니의 야심찬 점포쇄신 계획은 타격을 받게 된다. 즉 상당수의 점포에 대한 공사를 예정대로 추진할 수 없게 된 것이다. 게다가 어차피 공사가 끝난 점포조차도 기대했던 만큼 매출이 늘어나지 않고 있다. 이러한 여러 가지 요인이 복합적으로 작용한 결과, 안토니니가 K마트의 회장이 될 때인 1987년에 할인점 분야에서의 K마트의 시장점유율이 34.5%였던 것이, 그가 떠날 때쯤에는 22.7%로 떨어져 있었으며, 같은 기간 동안에 월마트는 점유율을 20.1%에서 41.6%로 끌어올렸다.

그런데 지나고 나서 생각하면, 전략에 못지않게 최고경영자의 태도도 두 회사의 성패에 큰 영향을 미친 것으로 보인다. 월마트의 월튼과 글라스는 부하들에게 문제점을 지적해달라고 당부했으며, 그들이 좋지 않은 소식을 숨기거나 제때 알려주지 않으면 크게 야단쳤다. 또한 이 회사의 간부들은 판매현장에서 많은 시간을 보냈으며, 그들 역시 부하들로 하여금 적극적으로 아이디어를 내게 했다. 특히 월튼은 늘 강력한 경쟁사가 바짝 뒤쫓아오고 있는 듯이 행동하였으며, 공식석상에서도 월마트의 강점보다는 약점을 논하기 일쑤였다.

반면에 안토니니는 다른 사람들의 말을 귀담아 듣지 않았고 비판과 변화를 특히 싫어했다. 그는 또한 그에게 도전할 만한 사람은 바깥에서 데려오지 않았으며, 외부 컨설턴트도 자기 마음에 안드는 얘기를 하면 가차없이 꾸짖었다고 한다.

전략적 경쟁우위의 개념과 기본원리

오늘날 기업의 세계는 참으로 무상하다. 아무리 잘 나가던 회사라도 더 나은 경쟁우위를 갖고 고객을 더 잘 만족시키는 경쟁사가 나오면 순식간에 경쟁에서 밀리고 만다. 거꾸로 지금은 좀 불리한 위치에 있다고 하더라도 경쟁사가 모방하기 어려운 경쟁우위를 개발하고 그것을 활용하여 고객에게 더 높은 값어치를 제공하는 회사는 반드시 이기게 되어 있다.

앞의 월마트 사례는 이러한 기업의 세계를 극명하게 보여주고 있다. 이러한 경쟁의 시대에 살아남으려면 기업은 적어도 하나 이상의 결정적인 경쟁우위를 갖고 있어야 한다. 우리는 그러한 경쟁우위를 전략적 경쟁우위(strategic competitive advantage)라고 부르기로 한다.

전략적 경쟁우위는 다음의 세 요건을 갖추어야 한다.

- 고객이 중요하다고 생각하는 부문에서 강해야 한다.
- 기업이 갖추고 있는 우위를 고객들이 사실대로 인식해야 한다.
- 경쟁사가 쉽게 따라잡을 수 없는 부문에서 강해야 한다.

예를 들어, 어느 식품회사가 자사 제품의 포장을 크게 개선했는데

정작 고객들은 포장을 그다지 중요시하지 않는다고 하자. 이런 경우, '개선된 포장'은 이 회사의 전략적 경쟁우위가 될 수 없다. 또 어떤 회사가 높은 품질의 제품을 생산한다고 하자. 그런데 고객들이 이러한 높은 품질을 실제로 인식하지 못하고 있으면 여기서도 '높은 품질'은 전략적 경쟁우위가 되지 못한다. 그리고 만일 어떤 회사가 낮은 원가에 바탕을 두지 않은 채 일방적으로 자사제품의 값을 내린다면, 여기서도 전략적 경쟁우위는 생기지 않는다. 왜냐하면 경쟁사들도 이 회사를 따라서 쉽게 값을 내릴 수 있고 아마도 결국은 그렇게 할 것이기 때문이다.

기업이 위에서 말한 세 가지 요건을 갖춘 전략적 경쟁우위를 개발하려고 할 때 반드시 염두에 두어야 하는 기본원리는 다음과 같다.

- **생존의 원리** : 최소한 하나 이상의 전략적 경쟁우위를 갖고 있어야만 회사가 살아남을 수 있다.
- **기회의 원리** : 고객들이 중요하게 생각하는 부문은 무엇이나 경쟁우위가 될 수 있다.
- **집중의 원리** : 소수의 정선된 부문에 회사의 힘을 집중해야 한다.
- **일관성의 원리** : 고객들이 중시하는 부문에서 최고의 성과를 올려야 한다.
- **인식의 원리** : 고객들이 알고 인정하는 경쟁우위만이 의미가 있다.

다음에 나오는 사례들은 모두 이러한 뚜렷한 전략적 경쟁우위를 하나 이상 갖추고 있는 회사들의 이야기이다. 즉 이들 회사는 아래의 같은 전략적 경쟁우위를 갖고 있기 때문에 번창하고 있는 것이다.

- 루이 뷔통 : 유행을 초월한 훌륭한 상품, 뛰어난 상표이미지
- 3M : 제품혁신능력, 높은 상표가치
- 하겐-다즈 : 최고급 제품, 일관성있는 마케팅전략, 강력한 상표자산
- 다이렉트 라인 : 혁신적인 유통경로, 데이터베이스마케팅 능력, 값싼 제품
- 아메리칸 익스프레스 : 신제품개발 능력, 상표이미지, 데이터베이스마케팅
- 스타벅스 : 독특한 스타일과 분위기

◉ 쉬어가는 이야기

경쟁의 의미

두 사냥꾼이 길을 가는데 갑자기 곰이 나타났다. 그러자 한 사람이 자기의 운동화 끈을 조이기 시작했다. 다른 한 사람이 말했다. "그건 해서 뭐하니? 어차피 곰이 너보다 빠를텐데." 그러자 처음 사람이 대답했다. "곰보다 빠를 필요는 없어. 나는 너보다 빠르기만 하면 돼."

그렇다. 경쟁에서는 절대적인 성과가 문제가 아니다. 상대방보다 더 낫고 더 빨라야 하는 것, 그것이 경쟁이다.

전통과 혁신의 아름다운 공존, 루이 뷔통

　루이 뷔통(Louis Vuitton). 여행을 좋아하거나 패션에 관심이 있는 사람치고 이 이름을 모르는 사람은 아마 없을 것이다. 파리에 본점이 있는 이 회사는 여행용 트렁크부터 핸드백에 이르기까지 다양한 가방 제품을 취급하는 세계적인 고급가방 전문회사이다. 기능성과 아름다움을 동시에 갖춘 제품을 만드는 것으로 이름난 이 회사는 1854년에 설립되었으며, 그 후 1977년까지 전형적인 가족기업으로 운영되어 왔다. 이 때까지만 해도 루이 뷔통은 직영점을 두 개밖에 갖고 있지 않았으며, 직영점 이외의 유통경로에서 이루어지는 판매는 대부분 대리점 계약을 맺은 업체에 그냥 맡기다시피 했다.

　그러다가 1977년에 그 이전까지의 경영전략과 조직을 근본부터 바꾸는 큰 변혁이 일어난다. 먼저 조직면에서는 지주회사인 루이 뷔통 S. A가 설립되고 그 밑에 제조부문과 파리와 니스의 두 직영점을 관리하는 판매부문이 설치된다. 즉 제조와 판매를 통합하는, 이른바 수직통합전략을 채택한다.

　또 뷔통집안과 인척관계에 있으면서 전문 경영인 출신인 앙리 라까미에 씨가 사장으로 취임한다. 좀더 정확히 말하면, 지주회사는 루이 뷔통이라는 상표와 회사의 철학을 지키기 위해 뷔통집안에서 경영하기로 하고, 제조부문과 판매부문을 관장하는 자회사는 주식회사로 만들되 전문경영인이 맡아서 운영하도록 한 것이다.

　이로써 전통적인 가족기업 루이 뷔통은 비로소 전문경영인이 근대적인 조직과 전략을 갖고 경영하는 현대기업으로 바뀌어가기 시작한다. 그러면 이 회사가 설립 후 120여 년 만에 탈바꿈을 시도하게 된 배경은 무엇인가? 루이 뷔통은 원래 이 회사 설립자의 이름이다. 그는 열네살에 집을 나가 파리에서 생활하면서 갖은 고생 끝에 트렁크 제조기술을 익힌다. 그는 이 기술을 무기로 회사를 세운 이후 튼튼하면서도 우아한 여행용 트렁크를 생산하여 프랑스를 비롯한 유럽 각국의 상류사회를 매료시켜 왔다.

루이 뷔통의 제품은 우선 물건이 좋다. 꼼꼼한 틀바느질이며, 비싼 가죽, 시간이 갈수록 더 멋스러워지는 듯한 디자인, 그리고 수명이 긴 전천후형의 안감 등이 이 회사 제품의 진짜 매력이다. 그런데 루이 뷔통이 사업을 시작한 19세기 중기 이후 오늘날까지는 그야말로 기술혁신의 시대라고 할 수 있다. 이 기간 동안 운송수단은 마차에서 철도, 기선, 그리고 비행기로 바뀌어 왔다. 루이 뷔통의 역사에서 특기할 만한 것은 가족기업인 이 회사가 운송수단의 이러한 변화에 발맞춰 그 시대의 고객에게 알맞는 우아하고 세련된, 그러면서도 튼튼한 제품을 꾸준히 개발해 왔다는 사실이다. 즉 루이 뷔통은 현대적인 의미의 마케팅 전문지식은 부족했을지 몰라도, 처음부터 고객중심의 마케팅철학은 확고히 갖고 있었던 것으로 보인다.

또한 19세기 말부터 쓰기 시작한 L과 V를 배합한 유명한 이 회사의 로고는 루이 뷔통의 상표이미지를 확립하는 데 크게 이바지하였다. 그리고 제2차세계대전 이후 대중들의 소득수준이 올라가면서 많은 사람들이 주말에 자동차나 비행기를 이용해서 가볍게 여행할 수 있는 시대가 된다. 따라서 기존의 대형 트렁크보다는 부드러운 감으로 만든 소프트백(soft bag)에 대한 수요가 늘어나기 시작한다. 1959년, 루이 뷔통은 이러한 제품에 맞는 신소재를 발견하고, 그 후 이것을 활용한 소프트백 시리즈를 차례차례 내놓는다.

소프트백은 트렁크와는 달리 가격면에서나 용도면에서 일반대중의 구미를 당기는 제품이다. 따라서 멋진 디자인에다 기능성과 내구성까지 갖춘 루이 뷔통의 소프트백이 큰 인기를 끈 것은 어쩌면 당연한 일이었다. 이러한 붐은 먼저 미국에서 일어났으며, 이어 일본에 상륙한다. 일본의 뷔통 붐은 정말로 대단한 것이었으며, 물건이 달려 국내에서는 아주 비싼 돈을 주고 살 수밖에 없었다. 그리하여 많은 일본인들이 너도 나도 프랑스로 날아갔으며, 급기야는 파리의 루이 뷔통 본점 앞에 수많은 일본인들이 길게 늘어서는 웃지 못할 사태까지 일어난다. 이러한 광경을 본 루이 뷔통의 경영진은 해외시장의 가능성이 생각보다 훨씬 크다는 것과, 회사의 신용을 지키기 위해서는 남에게 맡기기보다는 스스로 나서서 판매를 해야 한다는 사실을 절감한다. 루이 뷔통의 바로 이러한 깨달음이 앞에서 이야기한 1977년의 큰 변혁으로 이어진 것이다.

그후 루이 뷔통은 자사의 상표이미지를 지키고, 병행수입(parallel import)으로 말미암아 생기는 그레이마켓(gray market)과 위조품을 완전히 없애기 위하여 직영점 위주의 판매전략을 전개한다. 구체적으로 말하면, 각국의 지사 또는 지점이 부티크를 통제하며, 직영점이 아닌 경우에는 정규계약을 맺은 점포에서만 루이 뷔통 제품을 팔도록 한다. 또한 직영점은 말할 것도 없고 실제로 루이 뷔통을 파는 점포는 모두 뷔통의 통일된 실내장식과 마케팅방침을 따르도록 했다. 이 전략은 일본에서 큰 성공을 거두었으며, 이제는 또 다른 많은 나라에서도 실시되고 있다.

이 회사는 또 세계 각국의 판매원들을 파리 본점에서 교육하는 프로그램도 만들었다. 이는 루이 뷔통의 경영철학과 마케팅 노하우를 공유하도록 하기 위함임은 말할 것도 없다. 이렇게 전통적인 가족기업에서 근대적인 우수기업으로 화려하게 변신한 루이 뷔통은 84년 6월 뉴욕과 파리의 증권거래소에 상장한다.[1] 이것은 트렁크와 백을 중심으로 하는 세계의 고급여행용품 시장을 제패하겠다는 이 회사의 강력한 의지의 표명이라 하겠다. 그러나 이러한 원대한 포부를 갖고 있는 루이 뷔통에게도 고민은 있다.

첫째는 일본에 대한 의존도가 지나치게 높다는 것이다. 80년대에는 한때 일본을 중심으로 한 극동에서의 매출이 총매출의 44%를 차지하고, 파리 본점에서는 일본관광객들이 구입하는 액수가 전체 판매액의 약 70%였다고 한다. 그래서 상대적으로 부진한 미국시장에서의 판매액을 늘리고, 궁극적으로는 각각의 주요시장(미국, 유럽, 극동)이 차지하는 판매비중을 어느 정도 비슷하게 할 필요가 있다.

둘째는 뷔통과 같은 고급품은 많이 팔리면 팔릴수록 차차 고급품으로서의 매력을 잃을지도 모른다는 점이다. 이에 대해 루이 뷔통은 "유행을 초월한 훌륭한 상품을 판다."라는 방침을 세우고, 그것을 구현하기 위해 애쓰고 있다고 한다.

셋째, 뷔통의 제품은 늘 고급시장을 겨냥하고 있는데 이 시장은 언젠가 포화상태에 이를 것이라는 점이다. 그래서 루이 뷔통의 상표이미지와 맞고 본업에서 크게 벗어나지 않는 범위 내에서 다각화를 해야 할지도 모른다는 생각을 갖고 있다. 아마 향수, 고급가죽제품 등의 상

---

1) 정확히 말하면 상장된 회사는 루이 뷔통 S. A.이다

품이 이 회사의 흥미를 끌 것으로 보인다.

　루이 뷔통은 140년 이상이나 고유의 전통을 지키면서 제품과 경영에 대해서는 늘 혁신적인 태도를 견지해 왔다는 면에서 매우 재미있는 회사이다. 실제로 이 회사의 경영진을 만나본 사람들은 루이 뷔통이 아주 젊은 회사인 듯한 인상을 받는다고 말한다.

　아름답고 우아하면서도 튼튼하고 기능적인 제품을 만드는 회사. 상표를 라이센싱하기만 해도 큰 돈을 벌 수 있는데, 그런 일은 안하는 회사. 어디까지나 정통적인 경영만을 고집하는 회사. 전통적이면서 혁신적이고, 화려하면서도 속이 꽉 찬 회사. 그것이 바로 루이 뷔통이다.

제품혁신의 대명사 3M

1902년, 샌드페이퍼(sand paper)를 만드는 조그만 회사로 출발한 3M[2](Minnesota Mining and Manufacturing Company)은 오늘날 스카치테이프, 비디오테이프를 비롯한 6만 가지 이상의 제품을 생산하고 8만 5천 명이 넘는 종업원을 고용하고 있는 세계적인 대기업이다. 이 회사의 연간 매출액은 140억 달러가 넘고, 이익도 20억 달러 이상이다. 미국의 미네소타 주 세인트 폴(St. Paul)에 본사가 있는 이 회사는 미국 바깥에 58개의 주요 사업장을 갖고 있으며, 세계 80개국 이상에서 다양한 제품을 팔고 있다.

3M은 매년 매출액의 약 7%를 연구개발에 투자하고 있으며[3], 종업원들에게는 그들에게 주어진 시간의 15%를 스스로 선택한 프로젝트를 추진하는 데 쓰라고 권하고 있다. 이렇듯 이 회사에는 혁신을 추구하는 분위기가 있고, 바로 그 때문에 총매출에서 신제품의 판매가 차지하는 비중이 약 30%나 된다고 한다.

3M의 이러한 기업문화의 밑바닥에는 품질 위주의 경영이라는 이 회사의 철학이 깊이 깔려 있다. 구체적으로 3M은 자사의 철학을 다음과 같은 말로 표현하고 있다.

---

2) ‘쓰리엠’ 이라고 읽음.
3) 이 비율은 경쟁사의 갑절이다.

- 고객만족으로 품질을 측정한다.
- 언제 어느 때나 고객의 기대에 부응한다.
- 모든 관리절차의 원천에서부터 품질을 잘 다짐으로써
  지속적인 수준향상을 꾀한다.
- 경영진이 품질개선에 앞장선다.

그런데 3M은 수많은 좋은 아이디어의 상당부분을 다름 아닌 바로 고객들에게서 얻고 있다고 한다. 즉 이 회사에게 고객은 매우 중요한 아이디어의 원천인 것이다. 많은 경우, 고객들은 3M이 현재 갖고 있는 기술을 참신하게 응용할 수 있는 아이디어를 제공하고 있다. 또 3M의 고객들은(주로 산업재고객의 경우) 자기들이 부딪히는 여러 가지 문제를 3M이 해결해줄 것이라고 기대한다. 즉 그들은 3M이 그렇게 할 수 있는 전문지식/노하우를 갖고 있다고 믿는 것이다. 이런 의미에서 '지식'은 3M의 강력한 마케팅도구이며, 종업원들은 이 회사의 가장 귀중한 자산이라고 말할 수 있다.

특히, 상업용 그래픽스 사업(commercial graphics business)의 경우에는 고객이 디자인단계에서 이미 3M의 참여를 요청하기도 한다. 3M의 상업용 그래픽스 사업부(Commercial Graphics Division)는 또한 잠재고객들에 관한 정보를 미리 모아놓은 다음에, 영업사원이 그들을 방문할 때 관련 정보를 최대한 활용할 수 있도록 한다. 그리고 3M은 신제품을 내놓을 때, 그것을 살 만한 고객들의 명단을 작성해놓고 직접 그들을 상대로 마케팅하는 것이 보통이다.

또 3M은 상표자산(brand equity)을 매우 중시하는 회사이다. 그래서 이 회사는 높은 상표가치를 유지하기 위하여 좋은 제품을 비교적 비싼 가격으로 팔면서 제품수명기간 동안 품질보증을 해주고 있다 (lifetime guarantee). 그리고 비디오테이프 같은 제품에는 그 유명한 스카치(Scotch) 상표를 쓰고 있는데, 이것의 이미지가 워낙 좋기 때문에 광고에는 주로 '스카치'를 부각시킨다. 게다가 대부분의 소비자들이 3M이 스카치라는 상표로 비디오테이프를 만들고 있다는 사실을 이미 알고 있기 때문에, 이 경우 두 상표는 결과적으로 서로의 이미지를 강화해주는 구실을 하고 있는 것이다.

3M에는 세 개의 사업부문(business sector)이 있다. 그 세 부문은 '정보, 영상, 전자기술부문(Information, Imaging and Electronic Technologies sector)', '산업 및 소비자부문(Industrial and Consumer sector)', '생명과학부문(Life Sciences sector)'이다. 그리고 각 사업부문에는 생산·마케팅·재무·연구개발 등 사업의 거의 모든 부문에서 자율권을 갖고 있는 제품사업부가 딸려 있다.

이렇게 여러 사업부가 각자의 시장에서 성공하려고 애를 쓰다 보니 자연 3M에는 다양성(diversity)이 생기게 마련이다. 그리고 3M의 조직운영 기본방향은 '세계적인 관점에서 생각하고 현지사정에 맞게 행동하는 것(Think global, act local)'이다. 이에 따라 3M의 각 사업부는 '세계적인 관점'에서 제품의 품질 및 생산, 고객관리, 인력개발 등의 주요문제에 대한 정책을 세운다. 그러나 그것의 시행은 각 지역에서 현지사정에 맞게 융통성있게 하고 있다.

3M에서 '그리도 중시하는' 연구개발은 세 가지 수준에서 행해진다. 먼저 고객과 가장 가깝다고 할 수 있는 각 사업부의 연구소에서는 기존의 제품을 개선하고 새로운 제품을 개발하는 데 힘을 기울인다. 반면에 사업부문에 속해 있는 연구소에서는 각 사업부가 5년 내지 10

년 후에 쓸지도 모를 기술을 개발하고 있다. 끝으로, 이 회사의 본사연구소에서는 10년에서 15년 앞을 내다보고 연구를 하고 있다고 한다.

　1994년 1월, 3M은 해외시장 확대전략의 일환으로 회사역사상 최초로 국제기업광고를 시작한다. 일반소비자들이 아닌 업계(business community)를 주로 겨냥해서 행해진 이 캠페인의 테마는 '3M 혁신 (3M Innovation)'이었으며, 그 목표는 혁신적인 회사로서의 3M의 이미지를 크게 부각시키는 것이었다. 그래서 광고의 내용도 대체로 3M의 화려한 신제품개발 기록을 내세우는 것이었다. 즉 인류의 삶을 더 안락하고, 더 안전하고, 더 낫게 만드는 데 이바지한 3M의 제품혁신에 관한 여러 이야기를 다루는 것이 광고의 주된 내용이었다. 3M은 94년에 미국과 유럽에서 이 캠페인을 벌였으며, 이듬해인 95년에는 그 밖의 지역에서 캠페인을 계속하였다.

　이 회사가 직접 조사한 바에 따르면, 사람들이 3M에 관해 더 많이 알게 될수록, 그들은 한층 더 3M을 찾고 또 그 제품을 사게 된다고 한다. 따라서 3M은 이러한 광고를 통해 전세계의 기업인들에게 자사를 널리 알리고, 그들로 하여금 3M의 제품을 찾게 만들고자 한 것이다.

최고급 아이스크림에 승부를 건 하겐-다즈

1960년대에 뢰븐 마투스(Reuben Mattus)라는 뉴욕의 기업가는 세계에서 가장 훌륭한 아이스크림을 만들겠다는 결심을 하고 그것을 실천에 옮기기 시작한다. 그의 이러한 꿈의 결실이 바로 하겐-다즈(Häagen-Dazs)이다. 하겐-다즈는 이른바 최상품(super-premium) 아이스크림 시장을 처음으로 일구어낸 세계 최초의 최상품 아이스크림이며, 아이스크림을 어른들의 후식(dessert)으로 자리매김시키는 데 크게 이바지하였다.

유럽의 열여섯 나라를 비롯하여 전세계 대부분의 주요 나라에서 팔리고 있는 하겐-다즈의 가장 기본적인 경영신조는 '최고급 아이스크림을 만들려면 최고급 재료를 써야 한다' 는 것이다. 그래서 이 회사는 바닐라를 아프리카의 마다가스카르에서 사오는 등, 세계 각지에서 가장 좋은 재료를 구입하고 있다.

이러한 제품철학과 구매전략 외에, 하겐-다즈에 대해 특히 주목해야 할 것은 이 회사의 마케팅전략이다. 1989년 하겐-다즈가 영국시장에 들어갈 때 썼던 다음과 같은 전략은 그 좋은 보기가 될 것이다.

- 마케팅목표 : 하겐-다즈의 상표이미지를 정착시키고 가능하면 더 많은 소비자들의 시식을 유도한다.
- 표적시장 : 18~35세 사이의 젊고 유복한 소비자들.
- 위상정립(positioning) : '하겐-다즈는 소비자들이 구할 수 있는 아

이스크림 중에서 가장 뛰어난 제품이다.'

■ 가　격 : 기존의 가장 비싼 아이스크림보다 50% 더 높은 가격.

■ 유　통 : 처음에는 해로드(Harrod)같은 고급백화점이나 엄선된 고급매장에서만 판매하였다. 그러나 하겐-다즈의 인기가 올라가자, 곧 영국의 거의 모든 주요 슈퍼마켓에서 이것을 팔기 시작했다.

■ 커뮤니케이션

　─ 목표 : 소비자들이 적극적으로 하겐-다즈를 남에게 권하도록 구전효과의 극대화를 꾀한다.

　─ 판매촉진 : 주로 '견본 나누어주기(free sampling)'에 의존하였다. 93년 한 해 동안 영국 전역에서 무려 150만 명 이상의 소비자들이 무료견본을 받았다고 한다. 하겐-다즈는 또한 93년에 영국의 주요 고급레스토랑과 협정을 맺고 이른바 '미식가판촉'(gourmet sales promotion)을 시작한다. 즉 협정에 가입한 레스토랑에서 손님들이 500ml짜리 하겐-다즈를 주문하면 음식값을 할인받을 수 있게 한 것이다.

■ 신제품개발

하겐-다즈는 전통적으로 제품혁신을 매우 중시하는 회사다. 그런데 하겐-다즈는 이제 영국에서 벤 앤 제리스(Ben & Jerry's), 버즈 아이 월즈(Birds Eye Wall's) 같은 경쟁사들로부터 강한 도전을 받고 있다. 그래서 더 좋은 신제품개발이 더욱 시급하고 중요한 일로 떠올랐다. 하겐-다즈가 영국시장에 내놓은 신제품에는 다음과 같은 것들이 있다.

　• Frozen Yoghurt Stick Bars

- 더 젊은 층을 겨냥한 Exträas 계열의 상품들
- 초콜렛을 덮은 스틱바(chocolate-covered stick bars)

■ 고객관리

1992년 하겐-다즈는 고객직통전화[4]를 설치한다. 이것을 통하여 하겐-다즈는 고객들과 많은 대화를 나누고 있으며, 또 좋은 신제품 아이디어도 많이 얻고 있다. 하겐-다즈는 또한 이 직통전화를 활용하여 단골고객 데이터베이스를 개발하였으며, 이들에게 각종 정보를 제공하고 있다. 1994년 크리스마스 때에는 데이터베이스에 올라 있는 단골고객들에게 특별우대카드(Privilege Card)를 발송했다. 그리고 이 카드를 가진 소비자들에게는 10% 할인혜택을 주고 있다.

이러한 일관성있는 마케팅전략을 통하여 하겐-다즈는 매우 독특한 상표이미지를 창출하였으며, 지금도 상표가치를 유지하기 위하여 끊임없는 투자를 계속하고 있다. 이 회사는 이렇게 하여 강력한 상표자산(brand equity)을 이미 확보해놓았기 때문에 막강한 힘을 가진 대형 소매업체와의 협상에도 당당하게 임할 수 있는 것이다.

---

4) 이것을 하겐-다즈는 customer care line이라고 부른다.

보험유통의 새로운 장을 연 다이렉트 라인

영국의 로열 스코틀랜드 은행이 1985년에 설립한 다이렉트 라인 (Direct Line)은 전화로 보험상품을 판매하는 이른바 텔레셀러(teleseller: 직판보험회사) 중에서 가장 성공한 회사이다. 자동차보험판매로 사업을 시작한 이 회사는 3년만에 당기순이익을 낸 이후 매년 흑자를 기록하고 있으며, 설립한지 10년 만에 영국 제일의 자동차보험공급자가 되었다. 86년에 주택보험, 95년에 생명보험을 판매하기 시작한 다이렉트 라인은 이제 영국의 450여 개 손해보험회사 가운데 열 번째 안에 드는 주택보험 공급자이다. 97년 현재, 계약 건수는 자동차 부문에서 210만 건, 주택 부문에서 80만 건에 이르고 있다.

다이렉트 라인을 비롯한 모든 텔레셀러의 가장 큰 무기는 값이 싸다는 것이다. 따라서 처음부터 다이렉트 라인은 값에 민감하고 비교적 위험이 적은 고객층을 발굴하는 데 힘을 기울였다. 이를 위해 다이렉트 라인은 신문광고에 포함된 설문지를 채워 보내는 고객들에게 자동차보험을 1년간 무료로 가입하게 해주고, 경품을 제공하는 등 다양한 방법으로 고객들의 회신을 장려하였다. 이렇게 확보한 고객들에 관한 정보를 데이터베이스로 만든 것은 두말할 나위도 없다. 그 결과 다이렉트 라인이 파악한 표적고객의 프로필은 대체로 다음과 같았다.

· 나이 : 중년층 이하
· 직업 : 사무직 근로자

· 소득 : 중간 소득층

· 사는 곳 : 대도시

· 보험가입 여부 : 신규보험가입자

또한 이 회사는 런던 근교에 설치한 통합 콜센터(call center)를 24시간 운영하고 있으며, 청약과 동시에 적부심사 및 보험료 산출을 할 수 있는 종합통신정보시스템을 갖추고 있다. 보험가입자가 늘어남에 따라, 즉 데이터베이스가 커짐에 따라 개인별 위험도평가 · 요율산정 등이 더 정확해졌다. 뿐만 아니라 화상전송기술을 활용하여 물적사고는 24시간 내에 처리하고, 대인사고는 8일 이내에 보험금을 지급하며, 전국에 130개의 지정 수리공장을 보유하고 있는 등 보상서비스의 품질관리에 많은 노력을 기울이고 있다. 또한 기존고객에게 새로운 상품을 얹어 파는 이른바 추가판매(cross-selling)를 확대하고, 우량고객에게는 보험료를 35%에서 70%까지 대폭 할인해주고 있다. 이렇게 고객관리에 힘쓴 결과 이제는 보험계약 갱신율이 무려 85%에 이르고 있다.

그러나 이제 직판보험시장에서도 경쟁이 매우 치열해지고 있으며, 다이렉트 라인도 96년에는 매출과 이익이 모두 크게 떨어진 바 있다. 그래서 이 회사는 마케팅예산 및 영업인력을 늘리고, 여행 · 애완견보험 등의 신상품을 도입하는 등 공격적인 마케팅을 구사하여 직판보험시장에서의 위치를 지키려고 애쓰고 있다.

〈표 1-1〉 유럽에서의 새로운 유통경로를 통한 보험판매의 침투율

〈단위 : %〉

시기＼나라	영국	스웨덴	네덜란드	독일	프랑스	스위스
1994년	34	48	38	6	8	4
2000년(예상)	55	55	35	15	15	6

새로운 시대의 도전에 적극적으로 맞서는 아메리칸 익스프레스

1841년 헨리 웰즈(Henry Wells)는 미국의 뉴욕 주에서 현금과 소포를 배달해주는 사업을 시작한다. 혼자 시작한 이 사업에서 꽤 짭짤한 재미를 본 그는 얼마 안 있어 윌리암 조지 파고(William George Fargo)와 함께 아메리칸 익스프레스(American Express)라는 운송회사를 설립한다.

1891년 여행자수표(traveller's cheque)를 개발하여 그 후 관광산업에 큰 변혁을 일으킨 회사가 바로 이 아메리칸 익스프레스다. 혁신을 중시하는 이 회사의 전통은 이렇게 시작되었다.

1958년에 그 유명한 아메리칸 익스프레스 카드를 발행하기 시작하여 신용카드업계에 돌풍을 일으킨 바 있는 아멕스(Amex, 아메리칸 익스프레스의 준말)는 '세계에서 가장 존경받는 서비스 상표가 되는 것'이 목표이다. 이 회사가 비록 현재 '여행을 무척이나 사랑한다'고 하는 좋은 상표이미지를 갖고 있기는 하지만 나날이 더 치열해지는 경쟁 속에서 이 목표를 달성하는 것은 절대로 쉬운 일이 아니다.

아메리칸 익스프레스는 이제 80년대 후반에서 90년대 초기에 걸쳐 자사가 시장에서 위치가 약해졌다는 것을 인정하고 있다. 즉 전세계의 카드사용액은 85년의 2천5백억 달러에서 93년에는 약 1조 달러로 늘어났다고 한다. 그러나 이 기간 동안 아멕스의 시장점유율은 줄곧 떨어졌고, 개인회원수도 줄어들고 있다. 이것은 마스타카드(MasterCard)나 비자(Visa) 등의 경쟁사들이 그만큼 더 강해졌기 때문이었다.

한때 아멕스카드는 일종의 '지위의 상징'(status symbol)이었다. 즉 만일 어떤 사람이 이 카드를 내보이면, 그는 특권층에 속하는 것으로 인식되었던 것이다. 그러나 소비자들의 가치관이 변하면서, 이제는 상류사회니 특권층이니 하는 개념들이 그다지 큰 힘을 발휘하지 못하고 있다. 사람들은 이제 지위(status)를 구하기보다는 '현명한 선택'(smart choice)을 했다고 느끼고 싶어하는 것이다. 따라서 아멕스카드도 이러한 시대의 분위기에 맞춰 변해야 한다. 구체적으로 아메리칸 익스프레스는 아멕스카드가 다음과 같은 속성을 새로이 갖추어야 한다고 생각하고, 그러한 목표를 달성하기 위한 광고캠페인을 기획한다.

- 혁신(Innovation)
- 값어치(Value for money)
- 현명함(Smartness)
- 계층차별이 없음(Classlessness)

이렇게 해서 시작된 것이 '성공한 사람들 시리즈'(Quality people campaign)이며, 그 내용은 아멕스카드를 쓰는 고객들 가운데 성공한 사람들의 증언을 담은 것이었다. 그런데 이 광고에 나오는 사람들은 주로 열심히 일해서, 즉 스스로의 노력으로 성공한 사람들이었다. 또한 광고의 내용은 아멕스카드의 용도가 다양하다는 점을 암시하기도 했다. 이 캠페인은 아멕스카드가 기존에 갖고 있던 품질, 서비스, 성공 등의 이미지를 강화했을 뿐만 아니라, 새로운 잠재고객들로 하여금 이 카드에 대해 호감을 품게 했다는 평가를 받고 있다.

그러나 시대의 흐름에 맞춰 아메리칸 익스프레스가 도입한 혁신 가운데 광고보다 더 중요한 것은 이 회사가 '충성관리'(loyalty management)라고 부르는 일종의 데이터베이스 마케팅이다. 이것은 회사가 고객들이 언제 무엇에 돈을 쓰는지 알 수 있다는 이점을 이용하여, 고객들에게 그들이 필요로 하는 다양한 정보 및 서비스를 제공하는 것이다. 즉 정보통신기술을 이용하여 고객들의 소비행태를 분석하고 그에 따라 그들을 여러 가지 방법으로 분류한 다음, 각 집단 또는 개인이 필요로 할 것으로 생각되는 정보를 매달 발송되는 청구서를 통해 알려주는 것이다.

이렇게 함으로로써 회사는 고객들에게 이른바 '맞춤서비스(personalized service)'를 제공할 수 있다. 예를 들어, 청구서에 특정 고객의 흥미를 끌 만한 새 레스토랑의 개점뉴스를 싣는다든지, 또는 그가 자주 방문하는 지역의 호텔에 관한 정보를 청구서에 넣는 것이다. 이런 방법을 통해 고객들뿐만 아니라 아멕스 가맹점들의 아메리칸 익스프레스에 대한 애착심을 높이자는 것이 충성관리 프로그램의 목적이다.

이러한 여러 프로그램이 있어서인지 아멕스카드를 갖고 있는 사람들은 다른 카드의 소지자들보다 카드사용시 돈을 더 많이 쓴다. 또 아메리칸 익스프레스는 이렇게 고객들의 평균 카드사용액이 더 높다는 이유로 다른 카드회사들보다 가맹점수수료를 더 많이 받고 있다.

이 밖에 아메리칸 익스프레스는 레만 브라더즈(Lehman Brothers)를 비롯한 몇 개의 자회사를 처분하는 등 적극적인 사업구조조정을 한다. 그 목적은 두말할 필요도 없이, 자사의 핵심부문인 신용카드 및 재무계획(financial planning) 사업에 집중하기 위한 것이다. 1994년 9월, 아메리칸 익스프레스는 토마스 쿡(Thomas Cook)의 여행사업부문을 3억 7천5백만 달러에 인수함으로써 '여행에 대한 낭만적인 사랑'이라는 종래의 상표이미지를 더욱 강화한다.

1991년, 아멕스는 미국에서 '멤버십마일즈'(Membership Miles)라는 대대적인 충성프로그램(loyalty programme)을 시작한다. 이것은 고객이 카드를 쓸 때마다 점수를 적립하고, 그가 나중에 비행기를 타거나 호텔에 머물 때 그 점수를 쓸 수 있도록 하는 제도이다. 이 프로그램에는 400만 명 이상의 고객들이 참여하였으며, 20개국에서 운영되고 있다. 이 회사가 조사한 바에 따르면, 멤버십마일즈가 실시된 첫해에 이것에 참여한 미국의 아멕스회원들은 카드사용시 평균 20% 이상 더 많은 돈을 쓴다고 한다. 그리고 이 비율이 영국에서는 30%로 올라간다!

이 회사는 또 90년대에 들어서면서 기업 및 개인을 대상으로 여러 가지 종류의 새로운 상품을 이미 내놓았거나 개발하고 있는 중이다. 예를 들어, 55세 이상의 고객들은 경로카드를 신청할 수 있으며, 이것을 가진 사람들은 여행이나 외식을 할 때 할인혜택을 받는다. 이러한 신상품을 개발하는 목적은 사람들에게 더 많은 선택의 여지와 융통성을 제공하자는 것이다. 소비자들의 취향과 욕구가 그만큼 더 다양해졌고, 또 그들을 더 적극적으로 만족시켜야만 하는 시대가 되었기 때문이다.

이렇게 소비자들의 취향과 욕구가 다양해지고 또 쉴새 없이 변함에 따라 그들이 아멕스에 대해 갖고 있는 이미지나 그것에서 기대하는 가치도 결코 고정되어 있지 않을 것이다. 따라서 이러한 끊임없는 변화의 흐름 속에서 아멕스라는 상표에 어떤 속성을 새로 입혀야 하는가는 앞으로도 아메리칸 익스프레스가 계속 부딪히게 될 과제임에 틀림없다.

세계적인 고급커피숍체인 스타벅스

　1983년, 미국 워싱턴 주 시애틀(Seattle)에서 그라운드 커피를 팔던 스타벅스(Starbucks)의 사장 하워드 슐츠(Howard Schultz)는 이탈리아의 밀라노를 방문한다. 그 곳에서 그는 거리의 수많은 커피숍에 사람들이 몰리는 것을 보고 '유럽식 커피숍' 의 개념을 미국에 도입하기로 결정한다.

　1987년, 본거지인 시애틀에서부터 전국 각지로 퍼져나가기 시작한 스타벅스는 오늘날 14억 달러의 외형과 2,000개의 매장을 자랑하는 고급커피숍체인이다(그림 1-2 참조). 스타벅스의 커피숍에는 일주일에 약 8백만 명의 손님이 오고 있으며, 이들은 한 달에 평균 18번이나 스타벅스에 들른다고 한다. 이제 스타벅스는 아이스크림, 서적, CD 등도 팔고 있으며, 일본시장에도 진출하였다. 고객들은 또 슈퍼마켓이나 비행기에서도 이 회사의 제품을 살 수 있다. 그러면 아이스커피 한 잔에 3달러나 내야 하는 스타벅스를 미국사람들은 왜 이렇게 좋아할까?

　전문가들은 조화(harmony)와 대조(contrast)가 절묘하게 교차하는 스타벅스 특유의 일관성있는 스타일을, 이 회사의 가장 중요한 성공요인으로 꼽고 있다. 예를 들어, 스타벅스의 갈색 백(brown bag)이나 가벼운 색조를 띤 카운터의 나무, 그리고 머리를 길게 늘어뜨린 여성의 모습을 보여주고 있는 녹색 로고 등은 모두 자연스럽고 환경친화적인 느낌을 자아낸다(그림 1-3 참조). 그런데 이러한 유기적(organic) 요소는 매우 현대적이고 인공적인 냄새를 풍기는 요소들과 좋은 대조를

<그림 1-2> 스타벅스의 회사현황

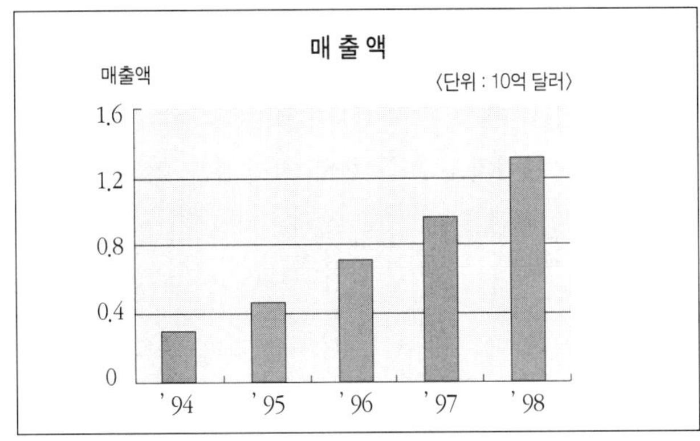

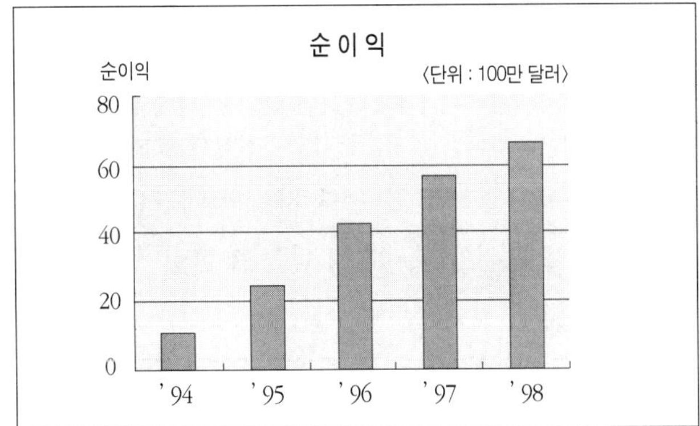

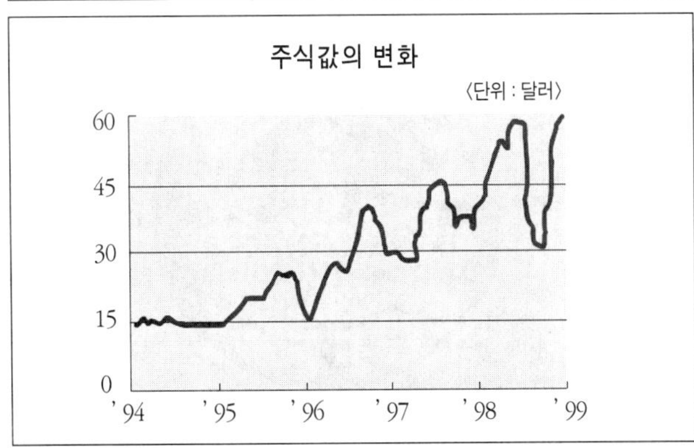

이루며 섞여 있다. 즉 카운터 윗면은 매끄럽게 다듬어진 대리석이며, 나무 표면은 아주 매끈매끈하다. 또 선반은 유리로 되어 있고, 컵은 순백색이다. 이런 것들이 함께 어우러져서 현대적인 분위기를 빚어내고 있는 것이다.

또한 로고에 있는 여자도 친근하게 느껴지는 면이 있는가 하면, 그 모습이 추상적이고 현대적인 틀 안에서 제시되고 있어 세련된 느낌을 준다. 뿐만 아니라, 스타벅스는 회사의 분위기와 이미지에 어울리는 음악을 엄선하여 매장에서 들려주고, 또 그러한 음악이 담긴 테이프와 CD를 판매한다. 이렇게 함으로써 고객들은 스타벅스의 커피숍에서 느끼는 훈훈한 기분을 집안에서도 즐길 수 있는 것이다.

그리고 커피숍으로서의 스타벅스의 이미지가 워낙 좋기 때문에 반즈 앤드 노블(Barnes and Noble)이라는 대형서점체인은 자사의 서점 안에 스타벅스를 끌어들이고 있다. 즉 자사의 매장을 편안한 마음으로 오랫동안 머무르고 싶은 도서관처럼 만들고 싶었던 반즈 앤드 노블은

<그림 1-3> 스타벅스의 로고

스타벅스의 커피숍이 그러한 분위기를 연출하는 데 큰 도움을 준다고 믿는 것이다.

스타벅스는 이러한 독특한 스타일과 분위기가 바로 자사의 전략적 경쟁우위라고 생각하고 있기 때문에 그 모습을 흉내내려는 경쟁사에 대해서는 단호하게 법적으로 대응하고 있다.

그런데 99년에 들어서 스타벅스는 매우 대담한 실험을 하고 있다. 즉 이 회사는 시애틀과 워싱턴 D. C.에 있는 몇 개 매장에서 샌드위치, 샐러드 등의 음식을 팔기 시작했고, 캘리포니아와 뉴욕에 56개의 매장을 갖고 있는 '파스카 커피(Pasqua Coffee)'라는 커피 · 샌드위치 체인을 사들이기로 합의했다.

스타벅스가 이렇게 음식을 팔고 싶어하는 까닭은 코카콜라 같은 세계수준의 강력한 상표를 갖고자 하기 때문이다. 만일 이 회사가 현재의 스타벅스 커피처럼 맛있는 음식을 제공할 수 있다면 그러한 꿈을 실현할 수 있을지도 모른다. 그러나 문제는 음식의 질이다. 스타벅스는 매장에서 음식을 조리하는 냄새가 나면 좋지 않다고 생각하기 때문에 주방을 설치하시 않으며, 공급자들도 하여금 한밤중에 머핀(muffin)이나 패스트리(pastry)를 배달하게 하고 있다. 그렇기 때문에 손님들의 기대에 걸맞는 샌드위치를 공급하는 데 어려움을 겪고 있으며, 던킨 도너츠(Dunkin' Donuts)의 제품만큼 신선하지 않다는 말도 듣는다. 게다가 주문을 하고 음식이 나올 때까지 시간이 오래 걸리는 등 서비스면에서의 문제점도 제기되고 있다.

앞으로 스타벅스가 이러한 문제점들을 극복하고 커피에서 거둔 성공을 요식업이라는 새로운 사업에서도 거둘 수 있을지가 주목된다 하겠다.

공격할 때와 방어할 때의 지침 2

앞에서 우리는 회사가 전략적 경쟁우위를 갖추려고 할 때 반드시 알아두어야 하는 몇 개의 기본원리를 논의하였다. 그런데 공격할 때와 방어할 때, 경쟁우위가 하는 구실은 서로 다르다. 따라서 이제부터는 공격할 때와 방어할 때의 몇 가지 지침을 다루기로 한다.

공격할 때

대체로 공격은 방어보다 어렵다. 왜냐하면 공격의 대상인 회사들은 일찍이 자리를 잡은 까닭에 최소한 시장에 이미 알려졌다는 이점을 갖고 있기 때문이다. 또한 많은 경우 상당수의 고객들이 이들에 대해서 이미 호감을 갖고 있다. 따라서 공격을 하는 회사는 일단 불리한 위치에서 시작할 수밖에 없는 것이다.

그래서 공격하는 회사의 입장에서는 이러한 불리한 점을 메울 수 있도록, 고객들에게 값에 비해 더 좋은 성과, 즉 더 많은 가치를 제공해야 하는 것이 필수적인 전략이다. 예를 들어 잘 알려지지 않은 신제품이 소비자를 끌려면 성능이나 가격 면에서 이미 나와 있는 제품들보다 특별히 나은 점이 있어야 한다. 그렇지 않으면 소비자들은 현재 쓰고 있는 제품을 다른 것으로 바꿀 필요성을 거의 못 느낄 것이기 때문이다.

공격하는 회사가 잊지 말아야 하는 지침은 아래와 같다.

- 반드시 뚜렷한 경쟁우위를 갖춘 다음에 공격하라.
- 가능하면 상대방이 경쟁우위를 갖고 있는 부문이 아닌 다른 부문에서 경쟁우위를 갖추어라.
- 상대방이 강한 부문에서 지나치게 약세를 보이지 말아라.
- 상대방이 쉽게 반격하기 어려운 곳을 치라.

다음의 AT&T 사례에서 보다시피 회사가 이러한 지침을 무시하고 뚜렷한 경쟁우위 없이 기존의 선발기업을 공격하면, 아무리 AT&T 같은 막강한 회사라 할지라도 결국 실패하고 만다. 반면, AMD는 경쟁력이 있는 제품을 갖고 경쟁사인 인텔의 세력이 비교적 약한 세부시장을 공략하고 있기 때문에 상낭한 성과를 거두고 있는 것이다.

AT&T는 왜 컴퓨터시장에서 실패했나?

1991년 AT&T는 무려 74억 8천만 달러를 내고 컴퓨터제조회사 NCR을 인수한다. 그 후 5년이 지난 95년 말, AT&T는 엄청난 손해를 보고 나서야 마침내 컴퓨터사업을 포기하기로 결정한다.

AT&T가 NCR을 인수할 당시만 해도, AT&T의 컴퓨터사업부는 해마다 2억 달러 정도에 불과한 적자를 내고 있었고, NCR은 이익을 내는 회사였다. 그러던 것이 95년 한 해에만 AT&T는 컴퓨터사업에서 24억 달러의 적자를 보았다고 한다. 아마 인수합병의 역사에서 이만한 규모의 실패사례는 흔치 않을 것이다. 그러면 그토록 존경받던 회사가 어찌하여 이렇게 큰 실수를 하였는가?

컴퓨터사업은 오랫동안 AT&T의 숙원사업이었다. 우선 이 회사는 일곱 명의 노벨상 수상자를 배출한 세계적인 연구소 벨랩(Bell Labs)을 갖고 있다. 또한 장거리전화사업에서 매년 200억 달러의 돈이 들어오고 있으며, 하드웨어 생산능력도 상당하다. 이러한 자원을 잘 활용하면 세계적인 컴퓨터회사가 되고도 남음이 있을 것이라는 게 AT&T 경영진의 생각이었다. 더구나 80년대에는 많은 사람들이 앞으로는 컴퓨터산업과 텔레커뮤니케이션산업의 구분이 없어질 것이라는 얘기를 즐겨 했었다. 그리하여 AT&T는 정부가 허락하자마자 80년대 중반 서둘러 컴퓨터사업을 시작한다.

그러나 AT&T는 컴퓨터시장에서 처음부터 고전을 면치 못했다. 사실 이 회사는 수십 년 동안 경쟁다운 경쟁을 해본 적이 없다. 그러나

AT&T가 이 시장에서 부딪히는 컴팩, 휴렛-패커드, 선 마이크로 시스템 등의 경쟁사들은 오랫동안의 치열한 경쟁으로 단련된 막강한 회사들이었던 것이다. 게다가 AT&T는 특별한 경쟁우위를 갖고 있지도 못했다.

우선 이미 일반상품(commodity)에 가까운 PC시장에서는 기술적인 우위가 있을 수 없었다. 또 기업들과 깊은 관계를 맺고 있다는 이유로 큰 기대를 걸었던 미니컴퓨터시장에서도 AT&T와 아무런 교류가 없었던 부서의 경영자들을 상대해야 한다는 사실이 뒤늦게 발견되었다. 이러한 사정 때문에 컴퓨터사업부는 출범하자마자 적자를 내기 시작한다. 물론 장거리전화사업에서 번 돈으로 이 적자를 메우기는 하였지만 무언가 해결책이 필요하다는 사실만은 분명했다.

컴퓨터사업을 맡고 있던 로버트 알렌 씨는 원가절감을 위해 85년에 2만 4천 명, 그 이듬해에는 2만 5천 명의 종업원을 그만두게 한다. 그러나 그럼에도 불구하고 적자행진은 계속된다. 85년에서 90년에 걸쳐 이 회사는 컴퓨터사업에서만 약 20억 달러의 적자를 본다. 그리하여 90년이 되자 그 즈음 AT&T의 회장이 된 알렌 씨는 다른 컴퓨터회사를 하나 인수하기로 마음을 굳힌다. 그때 좋은 후보로 떠오른 것이 NCR이다.

이 회사의 척 엑슬리(Chuck Exley) 회장은 금전등록기 제조회사였던 NCR을 현대적인 전자 및 소프트웨어 회사로 변신시키는 데 성공하였으며, 90년에는 60억 달러가 넘는 매출과 4억 달러의 이익을 올릴 만큼 회사를 알차게 운영하고 있었다. 또한 NCR은 벨랩이 개발한 유닉스(Unix)를 실행(run)하는 컴퓨터에 특히 강했으며, 금융 및 소매업 분야에서 많은 고객을 갖고 있었다. 이 두 분야는 AT&T가 **앞으로** 텔레컴 투자를 더 늘릴 것이라고 기대를 걸고 있는 산업이기도 했다.

또한 점잖고 보수적인 NCR의 분위기도 AT&T의 맘에 들었다. 그러나 문제는 엑슬리 회장이 NCR의 매각을 거부한 것이었다. 그는 NCR이 AT&T의 잘못된 전략의 희생양이 될 것으로 생각하고, NCR이 팔리는 것을 막기 위해 많은 애를 쓴다.

하지만 AT&T는 시장가격의 배가 넘는 74억 달러를 지불하고 마침내 91년 9월에 NCR을 인수한다. 그리고 나서 NCR이 AT&T의 기존 컴퓨터부문을 떠맡기는 했지만, 한동안 큰 변화는 없었다. 즉 NCR은 대체로 종전대로 운영된 것이다.

그러나 엑슬리의 후임인 길 윌리암슨(Gill Williamson)이 이른바 시너지를 찾겠다고 할 때부터 문제가 드러나기 시작한다. 윌리암슨은 엔지니어들을 벨랩에 보내 컴퓨터사업에 도움이 될 만한 기술을 찾아보라고 하였으나 별 성과가 없었다. 나중에 윌리암슨은 이렇게 회고한다.

"텔레콤장비와 컴퓨터기술은 비슷하지만 같지는 않다."

그러자 두 회사는 이제 건물을 공유함으로써 비용을 절약하는 방법을 모색한다. 그러나 AT&T에는 사무직 노동조합이 있었고 NCR에는 없다는 차이가 있었다. 때문에 각각 다른 규율의 통제를 받는 두 집단이 같은 건물에서 함께 일하는 것은 무척 어려웠다. 또 AT&T는 NCR의 방대한 해외네트워크를 활용하여 국제사업을 확충할 계획을 갖고 있었다. 그러나 NCR의 고객은 주로 선진국에 있는 반면에, 앞으로 크게 성장할 것으로 예상되는 텔레콤시장은 대체로 개발도상국에 있었다. 더구나 대부분의 회사에서 텔레콤서비스를 구매하는 경영자와 컴퓨터를 구매하는 경영자는 같은 사람이 아니다.

또한 이제는 NCR이 AT&T의 일부였기 때문에 공급파트너와의 관계에서도 문제가 생기기 시작하였다. 예를 들어, 테라데이터(Teradata)는 대형소매상들에게서 인기를 얻고 있는 특수 데이터베이스 컴퓨터를 만드는 회사이다. NCR은 이 회사의 기술을 사용하고 있었는데, 테라데이터가 더 이상 거래를 하지 않겠다고 위협한다. 테라데이터는 최대고객이었던 AT&T가 이제는 NCR의 제품을 쓸 것을 우려했던 것이다. 테라데이터의 컴퓨터는 잘 팔리는 품목이었기 때문에, NCR은 할 수 없이 5억 2천만 달러에 이 회사를 사버렸다.

그리고 컴퓨터사업의 거의 1/4을 차지하게 된 PC사업은 그야말로 밑 빠진 독에 물 붓기식이었다. 그러나 사실, NCR이 대형컴퓨터부문의 공통비를 부담해가면서 PC에만 전념하는 컴팩 같은 회사와 경쟁하는 것은 애초부터 무리였다. 게다가 NCR이 서비스가 많이 필요하지 않은, 이른바 오픈시스템과 PC형 컴퓨터를 생산하자 큰 이익을 올리던 서비스 및 컨설팅부문의 수익성마저 떨어지기 시작한다.

이러한 문제들을 보다못한 AT&T는 드디어 경영에 관여하기로 하고, 93년 초 윌리암슨을 물러나게 한다. 후임으로 임명된 제르 스테드(Jerre Stead)는 전형적인 AT&T사람이었으며, AT&T식으로 회사를 운영하려고 한다. 그러나 두 회사의 기업문화는 전혀 달랐다. NCR은 보수적이고 최고경영자가 엄격히 통제하는 회사인 데 반해 AT&T는 분권화된 조직이다.

　스테드 씨는 조직의 계층 수를 줄이기 시작하였으며, 권한을 과감히 아래로 위양한다. 그러나 그 결과 자격없는 사람이 중요한 결정을 내리는 사태가 발생한다. 예를 들어, 더 많은 권한이 주어진 영업사원들은 매출목표를 달성하기 위해 실속없는 주문도 받아들이기 시작한다. 또 AT&T는 조직을 정비하기 위한 노력의 일환으로 해외의 NCR 종업원들을 AT&T의 각 지역 담당임원 밑에 둔다. 즉 그들은 컴퓨터사업을 거의 모르는 AT&T 쪽의 상관과 NCR 쪽의 상관을 모두 모셔야 하게 된 것이다. 그러나 무엇보다도 NCR사람들의 사기를 크게 떨어뜨린 것은 회사이름을 'AT&T Global Information Solutions'로 바꾼 것이었다.

　AT&T가 NCR을 인수할 당시의 NCR 임원 33명 가운데 95년까지 남아 있던 사람은 다섯 명 미만이었다고 한다. 95년 초 스테드는 회사를 떠나고 후임으로 필립스전자 출신 라스 니버그(Lars Nyberg)가 부임한다. 그에게 주어진 임무는 다시 NCR로 이름을 바꾼 컴퓨터사업부를 AT&T에서 떼어내고, 이미 예정했던 15%의 인원감축 외에 7천2백 명의 종업원을 추가로 해고하는 괴로운 작업이었다. 화려했던 출발과는 대조적인 매우 쓸쓸한 장면이라 아니할 수 없다.

거대기업 인텔에 도전하는 AMD

최근 미국에서 팔리고 있는 1천 달러 이하짜리 PC 안에 있는 마이크로프로세서는 그 절반 이상이 인텔이 아닌 AMD(Advanced Micro Devices)에서 만든 것이다(그림 1-4 참조). 그러나 컴퓨터 프로세서 시장에서 늘 인텔의 그늘 아래에 있던 AMD는 이에 만족하지 않는다. AMD는 이제 인텔이 거의 독점하다시피 하고 있는 고급 칩시장을 본격적으로 공략하려 하고 있다. 신용평가회사에서 AMD의 등급을 올리고, 또 이 회사의 주식값이 98년 8월 이후 급상승하고 있는 것으로 보아 그 전망은 결코 어둡지 않은 것으로 보인다.

그동안 AMD는 주로 인텔제품을 흉내내서 만든 이른바 인텔클로운(Intel clone)을 싼 값에 공급해 왔다. 또한 IBM을 비롯한 컴퓨터회사들은 인텔에 지나치게 의존하게 되는 것을 막기 위해 의식적으로 AMD제품을 구입하곤 했다. 그러다가 AMD는 인텔의 펜티엄과 맞설 수 있는 K5 프로세서를 스스로 개발하기 시작했고, 18억 달러를 들여 텍사스의 오스틴에 그 조립공장을 건설한다. 그러나 AMD의 이 야심찬 프로젝트는 실패로 끝난다. 디자인에 문제가 생기는 바람에 K5는 펜티엄보다 2년이나 늦게 나왔으며, 때문에 오스틴공장도 가동되지 못했던 것이다.

하지만 96년에 AMD가 6억 2천5백만 달러에 넥스젠(NexGen)이라는 회사를 인수하면서 상황은 급격히 호전된다. 넥스젠은 제6세대 프로세서를 개발할 수 있는 능력을 갖고 있었고, 이 회사의 개발팀장인 아티크 라자(Atiq Raza) 역시 인텔을 따라잡으려는 정열에 불타고 있는 사람이었다. 라자 씨의 팀이 개발한 K6 프로세서는 97년에 나왔으며, 이 제품은 나오자마자 엄청난 성공을 거두었다. AMD는 K6의 발매 초기에 생산쪽에 문제가 있어서 주문물량을 다 댈 수가 없었지만, 98년에는 이것의 생산량이 약 1천2백만 개에 달했다고 말한다. 1천 달러 미만의 PC시장이 활성화된 것은 바로 이 K6 덕분이다. 현재 이 세분 시장은 PC시장 가운데 가장 빨리 성장하고 있으며, 전체 PC 매출의 약 25%를 차지하고 있다.

컴팩, 휴렛-패커드, IBM 등은 AMD제품이 들어 있는 PC를 팔 수 있는 한 최대한으로 열심히 팔고 있다. 일반소비자들은 PC 안에 인텔의 제품이 있건 AMD제품이 있건 개의치 않는 듯하다. 인텔이 상표가치를 높이기 위해서 수십억 달러를 썼다는 것을 생각하면, 이것은 놀라운 일이라고 할 수 있다. 인텔의 입장에서 그나마 다행인 것은 기업들은 아직 인텔을 고집하고 있다는 사실이다. 아마도 그들은 인텔제품 이외의 프로세서가 들어 있는 네트워킹 PC는 문제가 있다고 생각하는지도 모른다. 그들의 이러한 생각이 틀린 것임은 말할 것도 없다.

〈그림 1-4〉 1천 달러 이하짜리 시장에서의 칩(chip) 제조회사의 시장점유율

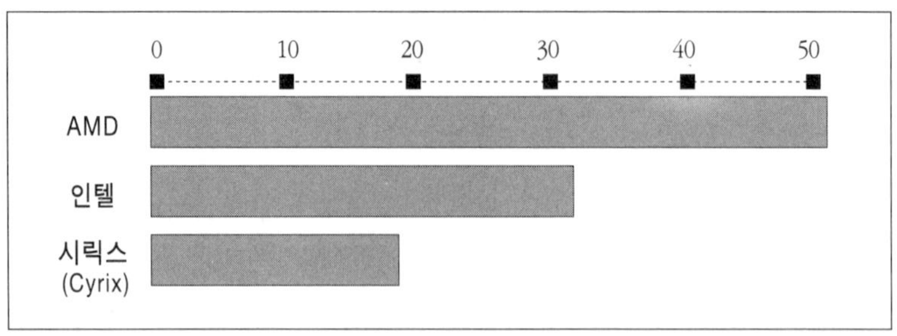

그러면 앞으로도 AMD가 현재와 같은 성장을 계속할 수 있을까? 그렇게 되려면 AMD는 첫째, 생산량을 배로 늘려야 하고, 둘째 99년 전반기에 높은 성능의 K7 프로세서를 내놓아야 한다. 또한 이번에는 개발이 늦어진다거나 생산에 문제가 생기는 일이 없어야 한다. 많은 소비자들은 2000년이 오기 전에 옛날 PC를 버리고 새 것을 살 것이다. 그러나 그 후에는 곧 판매가 급격히 줄어들 것으로 예상된다. 따라서 AMD는 좋은 시절을 놓쳐서는 안되는 것이다.

AMD는 독일의 드레스덴에 새 공장을 지었으며 2001년에는 연간 4천만 개의 프로세서를 생산하려고 한다. 그리하여 궁극적으로는 PC시장에서의 점유율을 지금의 배인 30%로 올리는 것이 목표이다. 그러나 PC시장이 빠른 속도로 성숙기에 접어들고 있는데다가 인텔이 가만히 있지 않을 것이므로, AMD가 그 목표를 달성하기란 결코 쉽지만은 않은 일일 것이다.

방어할 때

한 회사의 경쟁우위란 것은 다른 모든 것과 마찬가지로 영원할 수가 없고 그래서 늘 위협받고 있다. 그것은 우리 회사, 고객, 경쟁사가 끊임없이 변하고 있기 때문이다. 자사의 현재 위치를 지켜야 하는 회사는 이와 같은 사실을 늘 염두에 두어야 한다. 대체로 경영자들은 지금까지의 경쟁우위가 뚜렷할수록, 그리고 이러한 경쟁우위를 가진 덕분에 오랫동안 시장에서 잘 해왔을수록 기존의 경쟁우위에 더 강하게 집착하는 경향이 있다. 과거에 좋았으니 앞으로도 괜찮으려니 하고 생각하는 것이다. 즉, 경쟁사가 이제 우리를 거의 따라왔다는 사실을 좀처럼 인정하려고 하지 않는다.

그러나 오늘날처럼 모든 것이 빨리 변하고 경쟁이 심한 시대에서는 과거의 성공, 과거의 영광, 과거의 경험이 오히려 자신의 시야를 좁히고 생각을 가로막을 수 있다는 사실을 경영자는 한시도 잊어서는 안 된다.

방어하는 회사는 아래의 지침들을 지키는 것이 좋다.

- 현재 경쟁우위를 갖추고 있는 부문에서 경쟁사들을 압도하기 위한 노력을 계속 기울여라. 그러나 만일 이것이 힘들면,
- 적당한 시점에서 과감히 경쟁우위의 원천을 바꿔라.
- 공격을 당하면 즉각 반격하라. 현재의 고객을 지키는 것이 빼앗긴 고객을 되찾는 것보다 훨씬 쉽기 때문이다.

잉크젯 프린터시장에서는 휴렛-패커드가 이러한 지침을 착실히 지켰기 때문에 아직도 이 시장에서 막강한 지위를 차지하고 있다. 또 BSkyB 사례는 앞으로 디지털TV시장에서 경쟁사의 강한 도전을 물리쳐야 하는 이 회사의 현재상황을 보여주고 있다. 반면에 프로톤 사례는 시대가 바뀌었음에도 불구하고 아직 새로운 경쟁우위를 찾지 못해 방황하는 회사의 모습이다. 즉 정부의 특혜라는 일종의 정치적 경쟁우위 덕분에 급성장할 수 있었던 프로톤은 이제 진정한 의미의 전략적 경쟁우위를 창출해야 하는 큰 과제에 부딪히고 있는 것이다. 끝으로 제너럴 모터스 사례는 발빠르게 움직이는 경쟁사와 경영실적의 악화로 말미암아 상대적으로 경쟁력이 약화되고 있는 공룡 같은 거대기업의 모습을 담고 있다. 제너럴 모터스의 구조조정노력이 성공하느냐 못하느냐는 결국 그것이 새 시대에 맞는 전략적 경쟁우위를 창출하느냐 못하느냐에 달려 있을 것이다.

잉크젯 프린터시장에서의 휴렛-패커드의 성공

미국 캘리포니아 주의 팔로알토(Palo Alto)에 본사가 있는 휴렛-패커드(Hewlett-Packard:HP)는 미국이 자랑하는 대표적인 일류회사의 하나이다. 이 회사의 전통적인 전략은 대체로 고급제품을 제한된 틈새시장(niche market)에 비싼 값으로 파는 것이었다. 그러나 이렇게 하는 바람에 HP는 애써 개척해놓은 휴대용 계산기(hand-held calculators)시장을 일본회사들에게 빼앗긴 쓰라린 경험이 있다. 즉 일본회사들은 지속적으로 좋은 제품을 싼값에 내놓고, 그것들을 대중시장(mass market)에 집중적으로 판매함으로써 시장점유율을 높였던 것이다.

그러나 프린터시장에서는 HP가 멋진 승리를 거둔다(그림 1-5, 1-6 참조). HP가 프린터시장에 들어갈 생각을 하기 시작했을 당시에는 이 시장을 엡손(Epson)을 비롯한 일본회사들이 거의 장악하고 있었다. 이들은 값싸고 잘 만들어진 도트매트릭스(dot matrix) 프린터를 대중들에게 쉴새없이 팔고 있었다. 상황이 이렇기 때문에 HP는 기술면에서 경쟁우위를 갖추지 못하면 승산이 없다는 것을 깨닫게 된다.

1979년, 우연한 기회에 잉크젯(inkjet)기술의 가능성을 알게 된 휴렛-패커드는 이듬해인 80년부터 본격적으로 이 기술의 개발에 착수한다. 그리하여 84년 HP의 첫 잉크젯 프린터가 나온다. 그러나 이것은 특수한 종이를 필요로 하는데다가, 속도가 느리고 잉크는 번지기 일쑤였다. 하지만 일반 컴퓨터사용자들이 곧 높은 품질의 프린터를 요구할 것이라고 확신하고 있던 HP는 이제 낮은 원가의 잉크젯 기술을 개발하기 위하여 더 과감하게 투자한다. 사실 기존의 도트매트릭스는 품질 면에서 심각한 문제가 있었던 것이다. 반면에 도트매트릭스 프린터의 왕자라고 할 수 있는 엡손은 시장에서의 성공에 취한 나머지 소비자들의 취향이 변하고 있다는 자사의 미국경영자들의 말에 귀를 기울이지 않고 있었다.

그러는 동안 HP의 기술자들은 많은 특허를 출원하였으며, 꾸준히 기술을 개선해나간다. 그 결과 드디어 1988년, 보통 종이를 사용할 수 있는 데스크젯(Deskjet)이 나오게 된다. 그러나 이것은 89년이 되어도 여전히 판매가 목표에 못 미칠 뿐만 아니라, 제살깎아먹기(cannibalization)식이 된다. 즉 일본제품이 아닌, 같은 HP의 레이저 프린터와 경쟁하고 있었던 것이다. 그리하여 89년 가을, HP는 이제 도트매트릭스시장을 정면 공격하기로 결정한다. HP는 우선 엡손의 마케팅전략 · 단골고객 · 경

〈그림 1-5〉 미국 프린터시장에서의 휴렛-패커드의 시장점유율

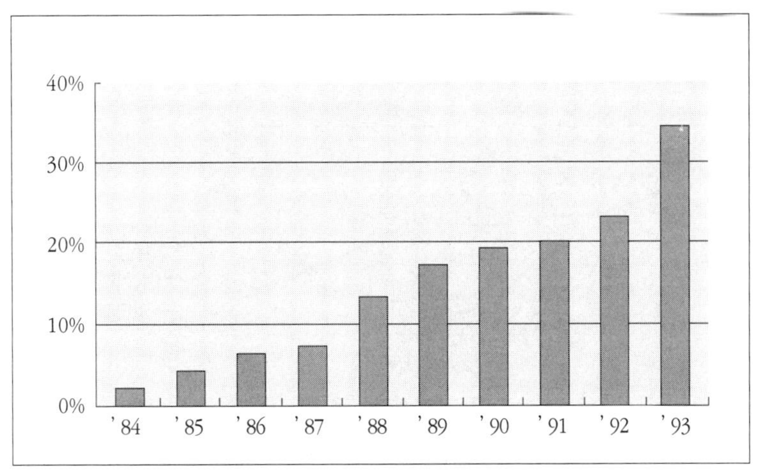

영진 등 이 회사의 모든 것을 철저히 연구하기 시작했으며, 엡손의 제품을 분해해보면서 여러 가지 아이디어를 얻기도 했다. 이렇게 해서 HP가 알게 된 사실 가운데 몇 가지는 다음과 같다.

- 엡손은 점포에서 가장 눈에 잘 띄는 곳에 자사제품이 놓이도록 하고 있다.
- 엡손이 값을 내리는 것은 경쟁사를 물리치기 위한 전술이다.
- 소비자들은 엡손의 제품이 믿음직스럽다고 생각하고 있다.
- 엡손의 프린터는 제조하기 쉽게 설계되었다.

이에 따라 HP는 점포들로 하여금 자사제품을 엡손제품과 나란히 진열하도록 하고, 보증기간을 3년으로 늘렸으며, 제품을 쉽게 만들 수

〈그림 1-6〉 북미에서의 프린터 판매

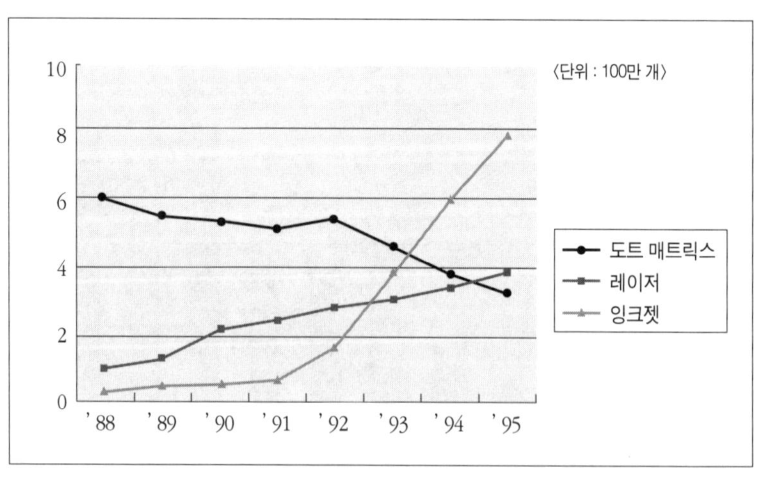

있도록 다시 설계하였다. 또 엡손이 먼저 기본모델을 만든 다음, 그것과 비슷한 제품을 계속해서 내놓는 것을 알게 된 HP는 비슷한 방법을 도입하려고 한다. 그러나 이것은 쉽지 않았다. 휴렛-패커드에는 아주 혁신적인 기술/제품을 개발해야만 직성이 풀리는 기업문화가 있었기 때문이다. 따라서 현재의 플랫폼(platform)을 그대로 써도 소비자들은 만족할 것이라는 마케팅관리자들의 말을 기술자들은 받아들이지 않았다.

이를 보다 못한 주디 소프(Judy Thorpe)라는 제품관리자는 기술자들로 하여금 소비자조사를 하게 한다. 이를 통해 그들은 소비자들이 자기들이 생각하고 있던 것과는 전혀 다른 제품을 좋아한다는 사실을 알게 된다. 이리하여 HP는 기존의 플랫폼을 활용하였고, 그 결과 칼라 프린터시장에서 경쟁사를 물리칠 수 있었던 것이다.

1992년이 되자 처음으로 도트매트릭스 프린터의 매출이 떨어지기 시작하고, 잉크젯 프린터의 판매가 폭발적으로 늘어난다. 잉크젯기술을 연구하고 있던 시티즌 시계(Citizen Watch) 같은 일본회사는 HP가 미리 출원해놓은 많은 특허 때문에 벽에 부닞히게 되었으며, 그로 말미암아 경쟁사들의 기술개발은 자꾸 늦어진다. 이러한 높은 진입장벽 덕분에 날이 갈수록 HP의 시장기반은 굳혀져 갔다.

또한 이번에는 처음부터 대중시장을 겨냥하였기 때문에 HP는 규모의 경제(economies of scale)를 많이 누릴 수 있었고, 이것은 곧 원가 경쟁력으로 이어졌다. 뿐만 아니라 HP는 원가를 낮추기 위한 제조기술의 향상에도 끊임없이 힘을 기울였다고 한다. 그렇기 때문에 일본의 캐논(Canon)이 마침내 양질의 잉크젯 프린터를 내놓았을 때도 HP는 그것보다 더 싸게 팔 수 있었던 것이다.

또한 HP는 시장에서의 막강한 위치와 원가경쟁력을 바탕으로 경쟁사의 공격에 단호하게 대처한다. 즉 경쟁사가 공격하면 재빨리 그리고 아주 강력하게 반격하는 것이다. 예를 들어, 94년 캐논이 컬러잉크젯 프린터를 내놓으려고 하자, HP는 그것이 나오기도 전에 미리 자사 제품의 값을 내린 바 있다. 이렇게 적극적인 마케팅 및 경쟁전략을 펼친 결과 휴렛-패커드는 95년에 세계 잉크젯 프린터 시장의 55%를 차지하게 되었으며, 그 해 이 회사는 프린터시장에서만 무려 80억 달러를 벌어들일 수 있었다.

디지털 TV시장 선점을 노리는 BSkyB

언론계의 황제 루펫 머독이 40%의 지분을 갖고 있는 영국의 BSkyB (Britisch Sky Broadcasting - 흔히 그냥 Sky라고 불림)는 세계에서 가장 이익을 많이 내는 유료TV 회사이다. 97년에 약 6천5백억 원의 이익을 올린 바 있는 이 회사는 98년 6월 21일, 즉 아스트라(Astra) 위성을 이용하기 시작한 지 거의 10년 만에 디지털TV시장에 진출했다. 그리고 현재 이 시장에서 선도기업의 위치를 굳히기 위하여 많은 마케팅예산을 쓰고 있다. 디지털TV의 가입자들은 약 200개의 비디오 흐름(video stream), NVOD(Near Video-On-Demand) 등의 각종 디지털서비스를 즐길 수 있다.

그러나 디지털TV시장에서 성공하는 것은 아날로그 가입TV시장의 거인인 스카이로서도 결코 쉬운 일이 아니다. 기존의 3백3십만 가입자들에게 디지털 수신장치를 사도록 권유해야 할 뿐만 아니라, 케이블 및 DTT(Digital Terrestrial Television)의 거센 도전 속에서 프로그램 유통의 주도권을 계속 유지해야 하기 때문이다. 그러나 이러한 어려움에도 불구하고 어차피 시장이 가야 할 방향은 디지털TV라고 결론을 내린 머독은 서둘러 이 시장에 들어갔다. 이 시장에서는 선발기업이 더 큰 이점을 갖게 될 것이라고 머독은 확신하고 있었던 것이다.

그러나 방대한 가입자베이스를 바탕으로 프로그램의 유통을 거의 독점하다시피 해온 스카이는 디지털TV로 말미암아 그 지위를 잃게 될 가능성이 높다. 왜냐하면 케이블이 급성장하고 있는데다 위성 용량

<그림 1-7> 영국에서의 디지털 유료 TV의 예상침투율

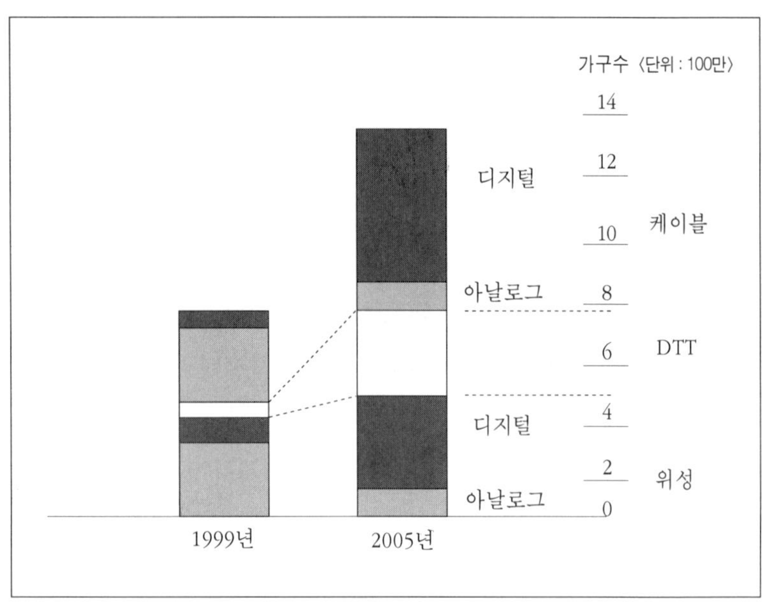

도 크게 늘어날 것이기 때문이다. 즉, 기존의 아날로그 방식으로는 자동송수신기(transponder) 하나가 비디오 흐름 하나를 제공하는 데 반해 디지털로는 7~8개를 제공할 수 있다.

이러한 상황에서 가장 중요한 문제는 스카이가 시장지배의 열쇠인 인기스포츠 및 영화채널을 계속 장악할 수 있느냐이다. 그런데 케이블 TV와 DTT 가입자가 위성TV 가입자보다 더 빨리 늘어나고 있는 현재의 추세를 생각하면, 이것은 결코 낙관할 수 없는 이야기이다.

그러나 스카이는 아직도 인기있는 프로그램을 계속 내보내고 있고, 가입자들을 잘 관리하고 있으며, 유료TV업계에서 그 상표의 힘은 막강하다. 또한 아날로그 사업에서 많은 이익을 내고 있고, 경쟁사보다

가입TV시장을 더 잘 이해하고 있으며, 그 어느 회사보다도 TV와 오락에 더 깊은 애착을 갖고 있다. 스카이가 이러한 강점을 잘 활용한다면 비록 앞으로 독점의 지위는 잃는다고 하더라도 디지털TV시장의 선도기업이 될 가능성은 꽤 높다고 하겠다.

말레이시아의 국민차 프로톤의 시련

　80년대 초반부터 나오기 시작한 말레이시아의 프로톤(Proton)은 동남아시아 최초의 국민차(national car)이다. 말레이시아 정부는 말레이시아를 값싼 노동력과 상품의 나라에서 고부가가치제품을 직접 생산하는 선진국으로 탈바꿈시키기 위한 정책의 일환으로 이 '국민차 프로젝트'를 적극적으로 지원하였다. 즉 다른 나라에서와 마찬가지로 프로톤도 정부의 보조금, 외국자동차에 대한 높은 관세, 그리고 외국회사(프로톤의 경우에는 일본의 미쓰비시)의 도움이라는 세 요인의 결합으로 태어난 것이다.

　그런데 최근까지 프로톤은 스스로의 힘으로 홀로 설 수 있을 것처럼 보였다. 우선 말레이시아는 일인당 자동차구매 대수가 태국의 두 배, 인도네시아 및 필리핀과 비교할 때에는 무려 열 배일 정도로 동남아에서는 꽤 큰 자동차 내수시장을 갖고 있다. 그리고 프로톤이 속해 있는 하이콤(Hicom)의 정부지분을 말레이시아 재계 거물인 야하야 아마드 씨가 인수하였다. 야하야 회장은 과감한 원가절감정책을 폈으며, 미쓰비시로 하여금 기술을 더 많이 전수하도록 하기 위해 영국의 로터스(Lotus)를 인수하고, 프랑스의 뿌조-씨트로엥(Peugeot-Citroen)과 합작기업을 설립한다. 또한 2000년까지 생산량을 98년의 세 배인 50만 대로 늘리기 위해 제2의 프로톤공장을 짓기 시작한다. 말레이시아는 2003년에 자동차시장을 개방하기로 했는데, 생산 규모가 이 정도는 되어야 장차 외국회사들과 맞설 수 있다고 생각한 것이다.

　게다가 말레이시아에서는 고객이 자동차값의 1/10만 내고 나머지
는 10년에 걸쳐 갚도록 할 만큼 할부판매조건이 좋고, 독일의 벤츠에
게 350%의 관세를 부과할 정도로 수입차에 대한 관세율이 높다. 이러
한 여러 가지 좋은 조건 덕분에 프로톤은 급성장하는 내수시장의 50%
를 차지하였고, 최근에는 유럽과 호주에 대한 수출을 해마다 배 가까
이 늘려왔다.

　그러나 이 모든 것이 틀어지기 시작하고 있다. 97년 3월 야하야 회
장이 헬리콥터사고로 숨졌고, 8월에는 동남아의 경제한파가 말레이시
아를 덮쳤다. 정부가 금융위기를 벗어나기 위해 소비자융자를 억제하
는 정책을 쓰자, 자동차내수시장은 큰 타격을 받는다(그림 1-8 참조).

　프로톤은 98년 4월에 자국 내에서 5,500대를 팔았는데 이것은 97년
4월 실적의 절반밖에 안 되는 숫자이다. 또한 프로톤은 수입부품의 비

〈그림 1-8〉 말레이시아의 승용차시장

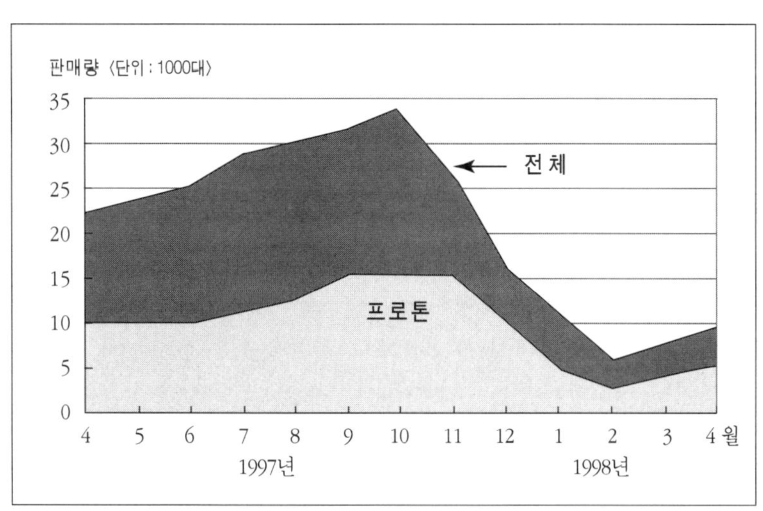

중이 높기 때문에 링깃화가 40% 평가절하되었는데도 불구하고 그것이 원가경쟁력으로 이어지지 않고 있다. 프로톤은 97년 12월, 부랴부랴 제2공장 건설을 일단 중지하고, 완공을 2003년으로 늦춘다. 그러나 바로 그 해는 말레이시아가 자동차시장을 전면개방하기로 약속한 해이다. 따라서 이제 프로톤은 시장개방시기를 늦추기 위한 로비를 할 것으로 예상된다.

제너럴 모터스의 구조조정 노력

제너럴 모터스(GM)는 아직도 60만 8천명의 종업원과 1천6백 60억 달러의 매출액을 자랑하는 거대한 제국이다. 뿐만 아니라 그 유명한 알프레드 슬로운(Alfred Sloan) 사장이 1920년대에 분권화된 사업부제를 도입한 이후 이 회사의 경영시스템은 그 후의 기업경영방식에 지대한 영향을 미쳐 왔다.

그러나 오늘날 GM의 모습은 어떠한가? 한마디로 말해 본받지 말아야 할 회사의 대명사로 꼽히고 있다. 즉 신제품을 빨리 내놓지 못하고, 노사문제에 시달리며, 노동생산성도 매우 낮다(그림 1-9 참조). 그 결과 뉴욕 주식시장에서 GM의 주가는 평균을 훨씬 밑돌고 있다. 이러한 상황을 벗어나기 위해 GM은 최근 대대적인 구조조정 작업을 진행하고 있다. GM의 고위간부들은 이미 오래 전에 구조조정계획을 세워놓았다고 이야기하지만 실제로 그것을 서둘러서 시행하게 된 계기는 크게 다음과 같은 두 가지 때문이다.

첫째는 다이믈러-벤츠가 크라이슬러를 인수함으로써 거대한 또 하나의 경쟁사가 등장했기 때문이다. 둘째, GM은 1998년에 무려 7주나 계속된 파업으로 말미암아 최소한 20억 달러의 손실을 입은 바 있다. 그래서 스미스(Smith) 회장은 무언가 획기적인 조치를 취하지 않으면 쫓겨날 위험에 처해 있었던 것이다. 구체적으로 98년 8월 이후 스미스 회장이 추진하고 있는 정책은 다음과 같다.

1) GM은 부품을 생산하고 있는 자회사 델파이(Delphi)를 매각하려고 한다. 스미스 씨는 거대기업인 GM이 앞으로는 그 구매력을 이용하여 부품과 원자재를 더 싸게 조달해야 한다고 생각하고 있다. 그러나 지금까지는 델파이 때문에 내부에서 구매할 수밖에 없었던 것이다.

2) 스미스 씨는 캐딜락, 폰티악 등의 6대 사업부가 각자 갖고 있는 방대한 판매, 서비스, 마케팅시스템을 통합함으로써, 연간 약 3억 달러를 절약하려고 한다. 따라서 앞으로는 각 사업부가 독립적으로 운영된다는 개념이 많이 퇴색할 것이다.

3) GM은 미국의 여러 지역에 아주 새로운 개념의 조립공장을 세울 것이다. 즉 새로 세울 공장은 협력회사가 미리 제작한 이른바 '모듈'

<그림 1-9> 차량 1대를 생산하는 데 드는 인일(man-days)
– 북미에 있는 자동차공장의 경우

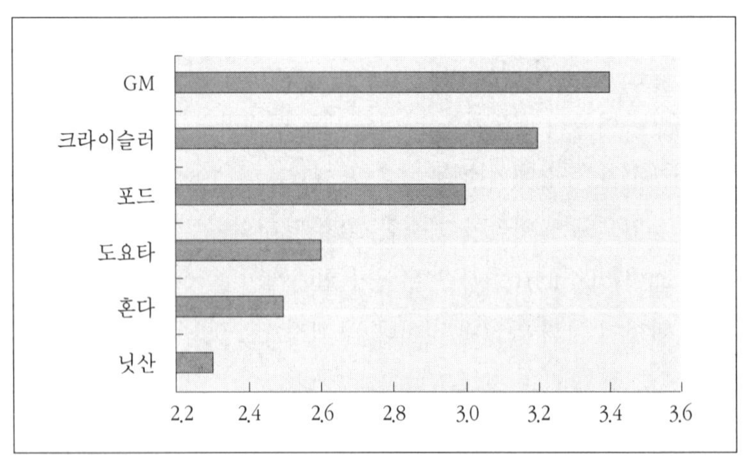

을 공급받아 조립하는 것이 주요기능이며, 기존 공장들보다 규모가 훨씬 작고 사람도 적게 쓴다.

4) GM의 미주 본부와 국제 본부는 하나로 통합되어 스미스의 후계자인 릭 와고너(Rick Wagoner) 사장의 관할하에 들어간다. 이렇게 함으로써 GM은 비대화된 조직의 거품을 걷어내고, 좀더 효율적으로 자동차를 설계 · 생산하게 되기를 기대한다.

그러나 GM이 이러한 모든 구조조정 작업을 성공적으로 끝내고 과거의 영광을 되찾는 것은 결코 쉬운 일이 아니다. 우선 GM은 그동안 흐트러진 노동조합, 딜러, 협력회사와의 관계를 재정립해야 하며, 스미스 회장은 포드의 알렉스 트로트만(Alex Trotman)이나 잭 내써(Jac Nasser)가 보여주었던 것과 같은 강력한 지도력을 발휘해야 한다.

그러나 무엇보다도 중요한 것은 소비자들이 좋아하는 자동차를 만들어내는 것이다. 어차피 자동차산업은 원가절감만으로는 결코 성공할 수 없는 제품산업이다. 즉 이 산업에서는 고객들이 원하는 제품을 내놓지 못하면 도태되게 마련이다. 이런 의미에서 앞으로 GM은 새로운 구조(structure)와 더불어 더 많은 창의력을 필요로 한다고 하겠다.

제 2 부

기업의 성패는 결국 '고객'에 달려 있

기업의 성패는 결국 '고객' 에 달려 있다

기업을 경영할 때 가장 중요한 사람은 고객이다. 그 까닭은 오직 고객만이 어딘가에서 무언가를 사고, 그리하여 어떤 회사를 살아남게 하는가 마는가를 결정하기 때문이다. 그래서 이제 고객지향정신의 중요성을 의심하는 사람은 거의 없다. 그러나 문제는 그것을 실천하는 일이다. 이것은 결코 쉬운 일이 아니다. 왜냐하면 고객지향정신이란 기본적으로 종업원들의 태도 및 행동과 관련된 것이고, 이것들은 그 성격상 쉽사리 바뀌지 않기 때문이다.

고객을 모신다는 것은 다른 무엇보다도 고객의 욕구에 우선권을 주는 것을 뜻한다. 그러나 많은 경우 고객은 단지 귀찮은 존재일 뿐이다. 고객 때문에 일이 복잡해지고, 하던 일이 중단되며, 말썽이 생긴다. 이럴 때도 전혀 싫은 내색을 하지 않고 고객을 상냥하게 대하면서 그들이 원하는 대로 해줄 수 있으려면 상당한 수양과 훈련이 필요하다.

그러므로 우선, 회사의 인사담당부서에서는 직원을 뽑을 때부터 가능한 한 고객지향정신이 있는 사람을 골라야 한다. 왜냐하면 근본적으로 남을 대접하는 것을 불편해하는 기질을 가진 사람은 아무리 많은 교육훈련을 받아도 회사가 원하는 만큼 고객을 정성껏 모시는 종업원으로 잘 바뀌지 않기 때문이다.

또한 두 번째로, 회사는 여러 방법을 써서 종업원들로 하여금 고객들과 직접 접촉하게 하는 것이 좋다. 종업원들이 몸소 고객들과 만나면서 갖가지 체험을 하는 것은 다른 어떤 교육훈련보다도 그들의 정신과 행동에 큰 영향을 줄 수 있기 때문이다.

세 번째로, 최고경영자를 비롯한 회사의 고위간부들이 말이 아닌 행동으로 모범을 보여야 한다. 종업원들이 고객지향정신을 받아들이고 그것에 확신을 갖고 실행에 옮기느냐 아니냐는 상당부분 (최고)경영자의 말과 행동이 얼마나 일치하느냐에 달려 있다.

예컨대 어떤 회사사장은 일주일에 한 시간씩, 불만을 호소한 일곱 명의 고객들에게 손수 전화를 한다고 한다. 사장 자신이 시장에 뛰어들어 생생한 정보를 얻고 고객이 가려워하는 데가 어딘지를 스스로 확인하는 것이다. 이러한 사장의 태도가 회사 내부에 어떤 영향을 줄지는 짐작하기 어렵지 않다.

끝으로 회사는 고객지향정신의 당위성을 강조하는 교육훈련을 꾸준히 실시할 필요가 있다. 교육훈련은 고객지향정신이 뿌리를 내리게 하는 데 있어서 충분조건은 아니지만 적어도 필요조건은 되기 때문이다.

이번 장에 있는 네 가지 사례는 모두 철저한 고객지향정신의 실천으로 큰 성공을 거두고 있는 회사들의 이야기들이다. 90년대 초에 큰 어려움을 겪었던 IBM은 결국 고객의 문제를 풀어주는 해결책 위주의 전략으로 경영방침을 바꿈으로써 위기에서 벗어날 수 있었다. 싱가포르의 유명한 항공사인 싱가포르항공은 손님들을 따뜻이 맞이하고 그들에게 감동을 주는 서비스에 승부를 걸기로 결정하고 서비스 위주의 전략을 철저히 시행한다. 그 결과, 오늘날 이 회사는 세계에서 가장 수익률이 높은 항공회사로 이름을 떨치고 있다.

또 일본의 모스바가는 맥도날드와는 달리 인간적인 서비스를 제공하려고 애쓴다. 그 결과 이 회사는 일본의 햄버거시장에서 맥도날드에 이어 시장점유율 2위의 자리를 굳건히 지키고 있다.

이 장의 마지막 사례인 클럽메드의 가장 큰 성공요인은 서비스정신이 완전히 몸에 밴, 'GO(Gentil Organisateur)' 라고 불리는 유능한 종업원들이다. 고객지향정신의 완벽한 모범을 보여주는 이들 GO들은 한 번 클럽메드를 찾았던 고객들을 단골고객으로 만드는 데 크게 이바지하고 있다.

IBM의 화려한 재도약

아마 IBM만큼 많은 존경과 칭찬을 받은 회사도 드물 것이다. IBM은 오랫동안 그 어마어마한 컴퓨터산업을 거의 석권하다시피 했으며, 종업원의 훈련과 복지에 아낌없이 돈을 쓰고 또한 연구개발에 엄청난 투자를 계속하는 것으로도 유명하다. 나아가 이 회사는 하는 일마다 다 잘 하는 것으로 인식되어 왔으며, 실제로 그 동안 많은 이익을 쌓아올렸다. 그래서 다른 많은 세계적인 회사들이 IBM을 귀감으로 여기기조차 했다.

그러나 IBM은 90년대에 들어서면서 3년 동안 누적 적자가 무려 180억 달러에 달하는 등 큰 위기에 봉착한다. 그 이유는 대체로 아래와 같았다.

- 지나치게 관료화된 IBM은 신속히 움직이는 경쟁사들에게 신제품개발 경쟁에서 계속해서 뒤졌다.
- 과거의 화려한 성공에 도취되어 모든 것에 대해 안일하게 생각하는 타성이 조직에 깊이 스며들었다.
- 거대한 산업의 모든 세분시장에 다 진출했기 때문에 힘이 분산되었다.

하지만 93년 루 거스트너(Lou Gerstner)가 회장으로 새로 부임한 지 5년이 지난 오늘날 IBM은 이제 또 다시 번영을 구가하고 있다. 주식값이 올라가고 이익도 늘어나고 있으며, 종업원도 다시 채용하고 있다(그림 2-1 참조).

그러면 IBM은 어떻게 이러한 극적인 반전을 이룩할 수 있었을까? 그것은 무엇보다도 제과회사 나비스코(Nabisco) 출신인 거스트너 회

〈그림 2-1〉 IBM의 최근 성적표

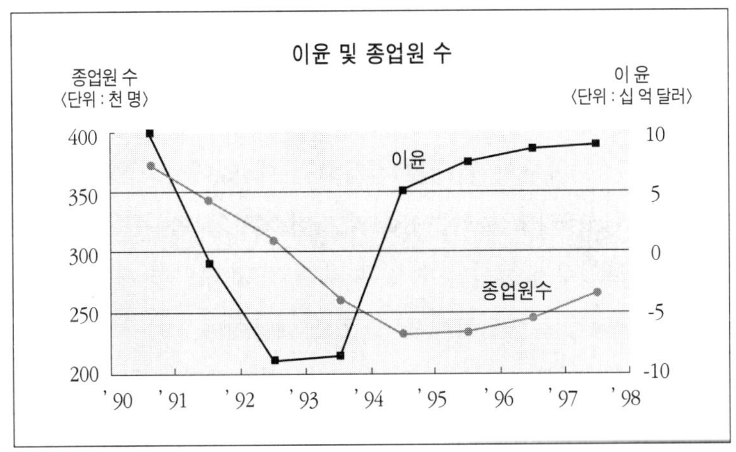

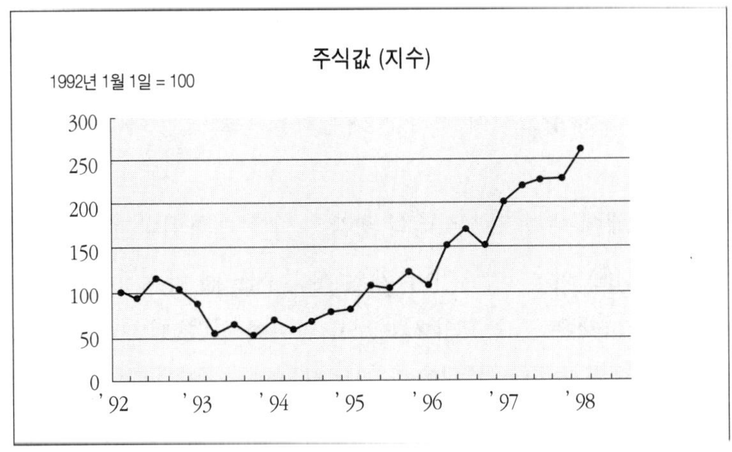

장의 철저한 고객지향정신과 경영자로서의 뛰어난 통찰력에 힘입은 바 크다. 그는 언젠가 자신이 '고객의 마음'을 갖고 IBM의 회장으로 취임했다고 말했었다.

그는 고객이 원하는 것은 '어떤 기술'이나 '컴퓨터' 그 자체가 아니라 고객 자신이 부딪히고 있는 문제에 대한 해결책(solutions)이라고 확신하였다. 이러한 그의 확신이 맞는 것이라면, IBM이 큰 규모와 다양한 사업영역을 갖고 있다는 사실은 단점이 아닌 강점으로 작용할 수 있을 것이다. 왜냐하면 그러한 해결책을 제시할 수 있는 능력 측면에서는 그 어떤 경쟁사도 IBM을 따라갈 수 없을 것이기 때문이다.

이런 해결책 위주의 전략을 전개하는 데 있어서, 글로벌 서비스(Global Services)라고 불리는 IBM의 서비스 사업부는 큰 몫을 담당한다. 서비스 사업부가 동원할 수 있는 넓고, 깊고, 다양한 기술자원은 바로 IBM의 크나큰 경쟁우위가 될 수 있기 때문이다.

그러나 이 사업부가 그러한 잠재능력을 발휘하려면 두 가지 문제를 먼저 풀어야 했다. 하나는 고객에게 서비스를 제공하는 데 있어서 고객과 다른 사업부의 이해관계가 맞지 않을 때 그것을 어떻게든 풀어내야 하는 것이고, 또 하나는 과연 서비스 사업부가 여러 사업부의 협조를 잘 얻어내서 고객이 바라는 해결책을 만들어낼 수 있을까 하는 문제였다.

이 두 문제에 대한 거스트너의 생각은 아주 명확했다. 즉 고객이 가장 먼저고, IBM이 두 번째이며, 개별 사업부는 맨 마지막이라는 것이다. 따라서 고객은 늘 최고의 서비스를 받아야 한다. 만약 고객에 맞는 제품이 IBM에 없거나, 있더라도 신통치 않은 경우, 서비스 사업부는 그것을 바깥에서라도 구해 와야 한다. 이러한 고객 위주의 정책을 실시한 결과, 서비스 사업부는 비약적으로 발전한다.

　IBM의 서비스 사업부는 97년에 193억 달러를 벌어들였는데, 이것은 96년보다는 24%, 90년에 비해서는 거의 아홉 배나 늘어난 수치이다. 97년에 들어서면서는 이 사업부가 회사 전체 매출의 1/4을 달성함으로써, 이제 명실공히 회사 성장의 견인차 구실을 톡톡히 하고 있다(그림 2-2 참조). 나아가 98년에는 서비스부문의 수입이 총매출의 30% 가까이 될 것으로 예상되며, 이로써 IBM은 전세계 컴퓨터서비스시장의 약 10%를 차지하게 될 것이다.

　또한 거스트너는 이제 기술이라는 것이 단지 생산성을 올리기 위한 도구에 머물지 않고 기업경영의 근본적인 요소라는 사실을 간파했다. 즉, 그는 기술을 IBM이 갖고 있는 핵심적인 경쟁우위의 하나로 보았다. 그래선지 거스트너는 연구개발 예산을 깎는 데는 아주 소극적이었

〈그림 2-2〉 IBM의 수입원

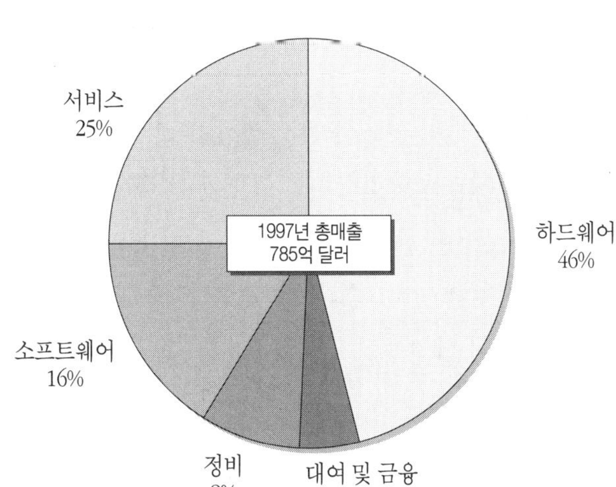

다. 그가 취임한 첫 해에 IBM은 89억 달러의 적자를 낸다. 아마 대부분의 경영자들은 이런 상황에서 60억 달러에 달하는 연구개발부문의 예산을 깎기 십상일 것이다.

그러나 왓슨연구소를 방문하고 깊은 인상을 받았던 거스트너는 불필요한 일부 예산만 삭감하고, 장기 연구프로젝트는 계속하도록 했다. 그 대신 연구원들로 하여금 고객들과 적극적으로 만나 그들과 되도록 많은 시간을 보내도록 하고 있다. 이 모든 것이 고객을 위한 해결책을 개발하고 IBM의 기술능력을 회사의 전략적 경쟁우위로 키우기 위한 노력의 일환임은 말할 것도 없다.

또한 컴퓨터 네트워킹과 인터넷의 시대가 도래한 것 역시 IBM에는 큰 행운이었다. 이런 분야의 사업은 복잡한 시스템을 통합하고 관리하는 능력을 필요로 하는데, IBM이 바로 그 면에서 강하기 때문이다. 또 많은 회사가 기존 컴퓨터의 용량을 늘리고 인터넷, 데이터 마이닝 등으로 말미암아 강력한 하드웨어에 대한 수요가 늘고 있다. 따라서 IBM이 크고 강력한 서버(server)를 공급한다는 것도 큰 도움이 되고 있는 것이다.

1996년, IBM은 e - 비즈니스 전략을 발표한 바 있다. 이 전략은 한마디로 말해 2001년에는 3천억 달러의 규모가 될 것으로 예상되는 인터넷사업에서의 주도권을 잡기 위한 것이었다. 이 전략은 공동의 목표를 달성하기 위해 IBM의 여러 사업부를 단결시키는 데 이바지하고 있으며, 특히 소프트웨어 사업부를 활성화시키는 데 큰 도움이 되고 있다.

거스트너는 95년에 대형 소프트웨어회사 로터스 디벨로프먼트 (Lotus Development)를 29억 달러에 인수했다. 그것은 이 회사의 'Notes' 라는 소프트웨어를 IBM의 네트워크 컴퓨터사업에 활용하기 위함이었다. IBM은 인수 후에도 로터스의 독특한 강점을 살리기 위해 이 회사의 경영에는 그다지 직접적으로 관여하지 않는다. 반면에 로터스는 자사가 기존에 갖고 있던 장점에다가 IBM의 자금, 유통망, 그리고 연구개발자원을 활용할 수 있게 되었다. 그 결과 Notes의 사용자가 95년에는 200만 명이었는데 98년에는 2,200만 명이 되었다. 덕분에 IBM은 Notes가 하나 팔릴 때마다 그것과 함께 팔리는 솔루션 팩키지로부터 세 배의 돈을 번다고 한다.

그러면 과연 IBM이 앞으로도 계속 성공을 거둘 수 있을까? 그것은 고객을 위한 해결책 위주의 전략에 대한 앞으로의 시장 반응에 달려 있다고 할 수 있다. 특히 인터넷사업과 관련된 해결책의 제공자로서 IBM이 확고한 자리를 잡을 수 있느냐가 성공의 열쇠인 것으로 보인다.

세계 항공 업계의 총아 싱가포르항공

1972년 말레이시아-싱가포르항공이 말레이시아항공(MAS)과 싱가포르항공(SIA)으로 분리되면서 탄생한 SIA는 오늘날 싱가포르가 자랑하는 세계적인 일류기업이다. 영업을 시작한 첫 해부터 이익을 낸 SIA는, 세계 항공업계에서 가장 수익률이 높은 회사로 꼽힌다(그림 2-3 참조).

매년 900만 명 이상의 승객을 실어나르는 SIA의 이러한 성공의 이유는, 이 회사가 품질과 서비스에 쏟는 그야말로 지극한 정성 때문이다. 사실 출발당시의 SIA는 전혀 알려져 있지 않은데다, 규모도 작고 노선도 충분치 않았다. 그런 상태에서 처음부터 외국 항공사들과 국제노선에서 경쟁해야 했던 SIA는 무언가 독특하고 차별화된 경쟁우위를 보여주어야 했다. 이 회사의 경영진은 그것을 싱가포르의 문화와 이 나라의 서비스전통에서 찾아냈다. 즉 손님에 대한 따뜻한 환대와 감동을 주는 서비스로 승부를 걸기로 결정한 것이다.

이러한 경영전략을 구현하기 위해 SIA는 다음과 같은 서비스혁신을 끊임없이 실천하고 있다.

- 세계 최초로 완전히 눕힐 수 있는 좌석을 기내에 설치함
- 이코노미석 손님도 식사 메뉴를 고를 수 있게 함
- 경쟁사보다 승무원을 더 많이 배치함
- 서비스에 대한 규제를 받지 않기 위해 국제항공운송협회(IATA)에 일부러 가입하지 않음

오늘날 SIA는 이러한 혁신적인 서비스와 더불어 최신형 항공기들, 뛰어난 지상시설 등으로 말미암아 타의 추종을 불허하는 훌륭한 상표 이미지를 자랑하고 있다. 또한 이 회사는 '싱가포르 아가씨(Singapore Girl)'라는 똑같은 주제의 광고를 무려 20년 이상 해온 것으로도 유명

〈그림 2-3〉 주요 항공사의 수익률 비교

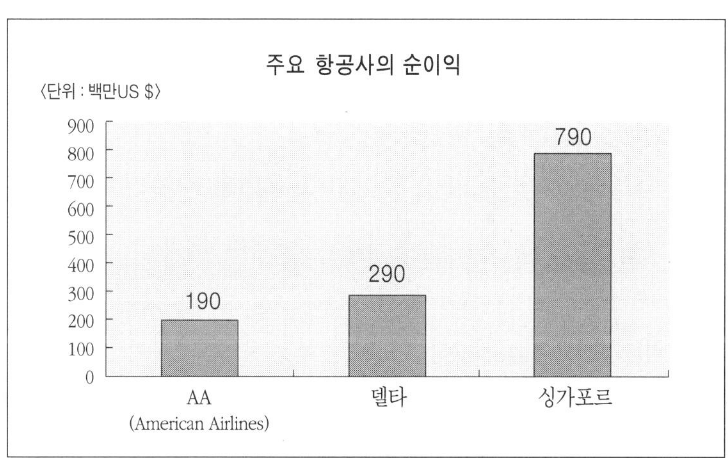

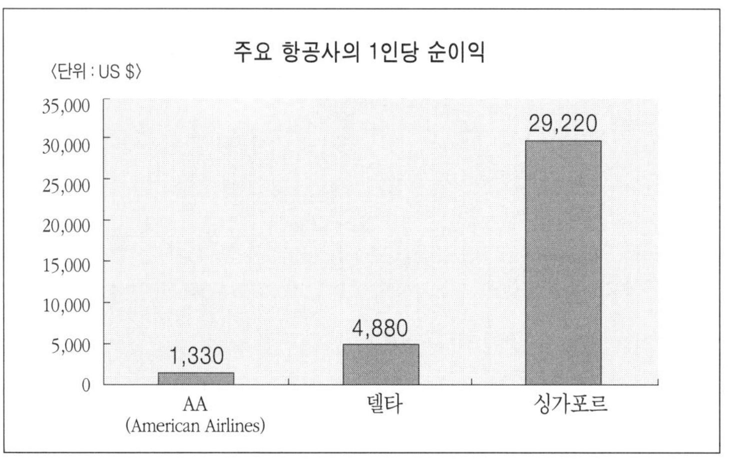

하다. 이것은 광고사상 가장 성공적인 캠페인의 하나로 꼽히며, 아시아 특유의 부드럽고 정중한 서비스를 제공하는 국제항공사라는 이미지를 정착시키는 데 크게 이바지하였다.

어떤 조사결과에 따르면 응답자의 50%가 싱가포르항공의 광고를 기억했는 데 반해, 다른 40개 항공사 광고에 대한 평균 상기율은 9.6%에 지나지 않는다고 한다. SIA는 이러한 '싱가포르 아가씨' 광고의 효과를 현실에서의 구체적인 성과로 연결시키기 위해 여러 가지 노력을 기울이고 있다.

이 회사는 우선 상냥하고 예쁜 여성만을 스튜어디스로 채용하며, 일단 뽑은 다음에는 임금을 후하게 주고 또한 아주 철저하게 교육한다. 그러나 실은 SIA는 스튜어디스뿐만 아니라 남자 승무원·관리자를 포함한 SIA의 모든 임직원들에게 다양한 교육훈련 기회를 제공하고 있다. 예컨대 1993년의 경우, SIA는 직원 한 사람당 약 500만 원의 교육훈련비를 썼다.

1991년에 이미 SIA는 세계에서 가장 성공한 10대 항공사의 하나로 자리잡았다. 또한 싱가포르의 창이공항은 세계에서 가장 크고 붐비는 국제공항으로 자리매김하는 데 성공했다. 그러나 타이항공, 말레이시아항공을 비롯한 경쟁사들의 서비스수준도 급격히 향상되는 추세에 있으므로 SIA는 끊임없이 서비스수준을 높이지 않으면 안 된다. 때문에 현재 SIA는 자주 운항하는 노선에서는 메뉴를 일주일마다 바꾸고 있고(대부분의 항공사들은 메뉴를 일 년에 기껏해야 네 번 바꾼다), 나아가 더욱 다양한 메뉴를 개발하고 있다.

또 SIA는 고객들의 불만사항을 적극적으로 수집하여 경영에 반영하며, 3개월에 한번씩 대대적으로 서비스수준을 점검하여 서비스성과지 수(SPI)를 산정하고 있다. 싱가포르항공은 SPI를 산정하기 위해 다음과 같은 데이터를 활용하고 있으며, 또한 기내에서 여러 나라 언어로 된 설문지를 돌린다.

- 비행시간의 엄수 여부
- 고객 1,000 명당 잘못 처리된 짐의 숫자
- 회사에 대한 불평과 칭찬의 비율

이러한 조사결과를 바탕으로 SIA는 담배를 피울 수 없는 항공편을 점진적으로 늘려왔으며, 1994년 10월부터는 고객들의 요구에 부응하여 일본을 왕래하는 노선을 제외한 모든 노선에서 흡연을 금지하고 있다.

그러나 SIA의 마케팅노력이 서비스에만 집중되는 것은 아니다. 이회사는 최신형 항공기종을 보유하고 있을 뿐만 아니라 터미널, 격납고, 화물처리시스템, 컴퓨터 등에도 계속적인 투자를 해오고 있다. 그런데 재미있는 것은 SIA가 승객 개개인에 대한 서비스를 향상시키는데 기술의 힘을 많이 활용하고 있다는 사실이다.

한 예로, 이 회사에서 수집한 데이터에 의하면 고객불만의 20% 가량이 비행기의 연발착에 관한 것이었다고 한다. 항공사가 이러한 연발착을 어떻게 처리하느냐는 고객들의 의견에 매우 큰 영향을 미친다. 항공사는 비행기가 늦게 뜨거나 늦게 도착하게 되면 승객들에게 다른 항공편의 좌석을 구해주거나, 그들이 불가피하게 하룻밤을 머물러야 하는 경우에는 호텔방을 잡아주어야 한다. 항공사직원이 이러한 일을 매끄럽게 할 수 있으려면 그가 수시로 많은 정보를 접할 수 있도록 기술적인 시스템이 정비되어 있어야 한다. SIA는 '지상에서의 빼어난 서비스(Outstanding Service on the Ground Programme)'라는 이름의 시스템을 갖추어놓고 언제든지 있을 수 있는 항공기의 연발착에 철저히 대비하고 있는 것이다.

또한 1995년부터 일부 노선에 도입되기 시작한 CMIV(Cabin Management Interactive Video)는 고객만족에 큰 도움을 주고 있다. 이 비디오시스템을 통해 승객들이 기내에서 비디오게임을 비롯한 각종 오락을 즐길 수 있기 때문이다. 승객들은 또한, 기내에서 목적지에 대한 정보를 얻을 수도 있고, 쇼핑을 즐기거나 전화도 걸 수 있다.

그러나 가장 고객지향적인 서비스혁신은 1984년에 도입된 PPS시스템이다. PP는 'Priority Passenger', 즉 귀빈을 뜻하는 말로서, 이것은 한마디로 말해 데이터베이스를 바탕으로 한 단골고객 관리프로그램이라고 할 수 있다. SIA는 먼저 데이터베이스를 통해 단골고객들의 취향을 파악한 다음, 그들이 비행기에 도착하기 전에 그들이 좋아하는 술, 잡지 등을 미리 준비해놓는다. 즉, 단골고객들이 기대하는 그 이상의 서비스를 제공함으로써 SIA에 대한 그들의 애호도를 한층 더 높이는 것이다.

이렇게 SIA는 시대의 변화에 맞춰 서비스를 쉴새없이 바꾸고 개선하고 혁신하며, 또한 각 나라의 사정에 맞는 광고를 하고 있다. 즉 매우 유연한 기업문화를 갖고 있는 것이다. 결론적으로 말해, 철저한 교육훈련으로 뒷받침되는 뛰어난 고객지향정신과 끝없는 서비스향상을 가능하게 하는 훌륭한 기업문화가 이 회사의 핵심역량이자 성공요인이라 하겠다.

가장 일본적인 햄버거체인 모스바가

일본 제2의 햄버거체인인 모스바가(Mos Food Services)는 시장점유율 1위인 맥도날드와는 아주 대조적인 전략을 쓰는 것으로 유명한데, 그것은 바로 '인간적인 서비스전략'이다. 즉 맥도날드는 고객에 대한 응대·청소하는 법·메뉴·점포설계·조리·유니폼 등 점포운영에 관한 모든 것을 표준화·단순화·획일화하여 QSCV(Quality, Service, Cleanliness, Value)를 실현한다. 반면에 모스바가에서는 종업원들이 손님들을 반갑게 맞이하고 때로는 그들이 손님의 얼굴과 이름을 기억하며, 손님이 주문을 하면 그 때부터 햄버거를 굽기 시작하고, 또한 고객이 보는 데서 조리를 한다. 게다가 제품도 일본간장 등 일본에서 나는 재료를 많이 써서 상당히 일본 특유의 맛이 난다. 그 전형적인 것이 데리야끼바가이다. 그러나 이러한 인간적인 서비스를 하는 대신 경쟁세품에 비해 값은 약간 비싸다.

그런데 긴자의 번화가에서 이러한 방식으로 햄버거집을 운영하기는 무척 힘들다. 그래서인지 모스바가의 점포는 대체로 한길에서 떨어진 배후지나 주택가 깊숙한 곳에 자리잡고 있다. 또한 맥도날드와는 달리 직원이 세 명만 있어도 점포를 운영할 수 있는 시스템이기 때문에 소규모 점포가 많은 것이 특징이다.

따라서 모스바가의 전략이 성공하려면 무엇보다도 서비스정신과 관리능력을 고루 갖춘 사람을 엄선하여 그런 사람에게 점포를 맡기는 것이 중요하다. 실제로 모스바가의 한 우수점포는 주인부부가 하루 4~5시간밖에 안 자면서 연중무휴로 운영하고 있다. 4~5평밖에 안 되는 좁은 점포에서 이들은 이렇게 매일 열심히 일하면서 손님들의 얼굴과 이름을 기억하고 그것을 적당한 때에 잘 활용하는 등 인간적인 서비스를 제공함으로써 많은 매출을 올리고 있다.

그러나 모스바가의 이러한 운영방식은 서비스의 수준을 떨어뜨리지 않으면서 동시에 점포 수를 늘려가기가 어렵다는 단점이 있다. 따라서 모스바가로서는 이러한 인간의존형 경영전략의 한계를 어떻게 극복하느냐가 앞으로 가장 중요한 과제일 것이다. 이런 의미에서 모스바가의 동남아에서의 경험은 많은 것을 시사해주고 있다.

1991년 대만에 첫 해외점포를 연 모스바가는 98년 7월 현재 대만에 28개, 싱가포르에 7개, 그리고 상하이에 15개의 점포를 갖고 있으며, 98년 5월 쿠알라룸푸르에 말레이시아 제1호점을 열었다. 핵심품목은 말할 것도 없이 일본적인 맛이 나는 데리야끼바가이다. 이 가운데 대만과 싱가포르에서는 영업실적이 아주 좋아 회사는 궁극적으로 대만에서 100개 그리고 싱가포르에서는 20개의 점포를 운영하려고 계획하고 있다. 또 쿠알라룸푸르의 점포도 말레이시아의 경제난에도 불구하고 기대 이상의 성과를 올리고 있다. 그러나 상하이에서는 그간의 거품이 빠지면서 매출이 점차 떨어지고 있기 때문에 당분간 새 점포를 열 계획은 없다고 한다.

일본적인 특성을 살린 서비스전략으로 세계 최고의 햄버거체인인 맥도날드와 맞서 싸우면서 해외에서도 좋은 성과를 올리고 있는 모스바가의 경험은 우리에게도 많은 교훈을 주는 사례이다.

세계의 휴가문화를 선도하는 클럽메드

1950년 벨기에의 올림픽 수구선수 출신인 제라드 블리츠(Gerard Blitz)가 주도하여 프랑스에서 설립한 클럽메드(Club Med)는 94년 현재 6대륙 32개 국에서 110개의 휴양촌(holiday-village)을 운영하고 있는 세계 최대의 휴양촌회사이자 약 7만 5천여 개의 객실을 갖고 있는 세계 굴지의 호텔체인이기도 하다.

창립 당시 블리츠의 꿈은 '쾌적한 자연환경 속에서 손님들이 한데 모여 서로 사귀고 스포츠를 즐길 수 있는 휴가'를 제공하는 것이었다. '지중해클럽'이라는 뜻의 이 회사의 이름은 최초의 휴양촌이 지중해의 발레아릭 군도(Balearic Islands)에 건설되었던 것에서 연유한다. 1954년 텐트회사를 경영하던 길버트 트리가노(Gilbert Trigano)가 회사에 합류하면서 클럽메드는 본격적으로 영리조직의 형태로 운영되기 시작한다.

클럽메드의 상품은 매우 독특하다. 즉 손님이 항공료와 숙박비를 포함한 일정액을 미리 내면 그는 휴양촌에 있는 모든 시설을 이용할 수 있을 뿐만 아니라, 회사가 주관하는 각종 스포츠교실, 오락행사에 참여할 수 있다. 클럽메드의 회원들이 다시 이 회사를 찾는 재구매율은 무려 70%가 넘는다.

클럽메드의 휴양시설은 호텔처럼 호화롭지 않고 고객들을 구분짓는 등급제도도 없다. 그렇지만 아주 편안하다. 클럽메드의 휴양촌에서는 모든 사람이 평등하고 자유로우며 존중받는다. 또한 팁이나 복장 등 일

<표 2-1> 클럽메드의 전형적인 고객

국 적	46개 국 중의 하나
혼인 여부	기혼
나 이	25세 이상(평균 38세)
학 력	고학력
클럽메드를 어떻게 알게 되었나	친구들

체의 격식에 얽매이지 않는다. 이런 것이 모두 "함께 어울리며 즐기는 가운데 서로에게서 배운다"는 경영철학의 일환임은 말할 필요도 없다.

클럽메드의 가장 큰 성공요인은 GO(Gentil Organisateur)라고 불리는 잘 훈련되고 유능하며 매우 친절한 종업원들이다. 이들은 최소한 두 나라 말에 능통하고 성격이 활달하며 붙임성이 있다. 이들은 GM(Gentil Membre)이라고 불리는 손님들이 클럽메드의 독특하면서도 화기애애한 분위기를 마음껏 즐길 수 있도록 묵묵히 최선을 다하는 그야말로 클럽메드의 보배이다.

그러면 매년 세계 각지로부터 클럽메드의 휴양촌을 방문하는 190만의 GM은 어떤 사람들인가? 그들의 전형적인 프로필은 <표 2-1>에 있는 바와 같다. 그리고 그들의 50% 이상은 가족단위로 휴양촌을 방문한다. 그러나 클럽메드는 GM들을 독신·부부·자녀가 있는 부부·부모 중의 한 사람만 있는 가족 등 여러 계층으로 나눈 후, 각 계층에 맞는 휴양지를 추천해주고 있다.

그 밖에도 이 회사는 은퇴한 사람들, 호화여객선을 즐기는 사람들, 주말휴가를 즐기는 사람들을 위한 프로그램도 제공하고 있다. 뿐만 아니라 세계 각지에 퍼져 있는 25개의 휴양촌에 기업이 이용할 수 있는 회의장 시설 등을 갖추고는 각종 기업행사를 적극적으로 유치하고 있다.

클럽메드는 또한 시대의 변화에 꾸준히 적응하고, 고객의 진정한 욕구를 반영하는 신상품을 끊임없이 개발하고 있는 혁신적인 회사이기도 하다. 예컨대 이 회사는 70년대 말에 휴양촌에서 IT, 즉 '정보기술 교실'을 개설한 바 있다. 그 결과는 대성공이었다. 그것은 그 전까지 컴퓨터에 대해 막연한 공포심을 갖고 있던 많은 기업체 간부들이 이 교실을 통해 그러한 감정을 상당 부분 떨쳐버릴 수 있었기 때문이다.

또 하나의 보기는 '스마트 카드'이다. 이것은 손님이 휴양촌 안의 바에서 술을 마시거나 가게에서 물건을 살 때 자동적으로 그 금액을 등록하는 클럽메드의 신용카드를 가리킨다. 이 카드를 이용하면 손님은 휴양촌을 떠날 때 자기가 쓴 돈을 한꺼번에 결제할 수 있으므로, 여기에 머무르는 동안 현금을 갖고 다닐 필요가 없는 것이다.

최근 들어 클럽메드는 과거에 휴양촌을 여러 차례 방문한 단골고객들에 초점을 맞춘 전략을 쓰고 있다. 즉, 값을 깎아주어야만 휴양촌을 찾는 손님들을 끌어들이기 위해서 무차별적으로 가격할인을 하기보다는, 기존의 단골고객을 유지하는 데 더 힘을 기울이는 것이다. 요컨대 이 회사는 정기적으로 클럽메드의 휴양촌을 찾는 손님들이야말로 자사의 가장 훌륭한 영업사원이라고 생각하고 있다.

클럽메드를 이야기할 때 빼놓을 수 없는 또 하나는 '분권화된 조직' 및 '지역자본과 결합한 세계전략'이다. 클럽메드의 각 휴양촌은 실질적인 경영권을 갖고 있다. 즉 본사가 정한 경영기본방침과 GM의 만족도를 유지하는 범위 내에서라면 각 휴양촌은 자유롭게 여러 가지 활동을 기획하고 예산을 집행할 수 있다. 특히 예산의 경우, 촌장은 휴양촌에서 벌어들이는 수입의 20%와 본사가 정하는 예산 틀의 40%까지를 마음껏 쓸 수 있다.

그리고 휴양촌의 건설은 대체로 현지의 투자가가 자본참가를 하는 현지법인을 통해 하고 있다. 요컨대 클럽메드의 세계전략은 회사가 중앙집권적으로 혼자 뻗어나가는 것이 아니라, 각 나라의 현지자본가와의 합작기업을 통해 건물, 시설 등의 하드웨어를 조달하고, 클럽메드는 경영노하우를 제공하는 형태로 전개되고 있는 것이다. 또한 현지항공회사와의 제휴도 세계전략의 중요한 한 부분이다. 특히 휴양촌이 있는 나라의 국영항공회사와 제휴하여 현지밀착형 경영을 하려고 애쓰고 있는데, 예를 들어 타일랜드의 푸켓에 휴양촌을 가지고 있는 이 회사는 그 나라의 항공사인 타이항공과 제휴관계를 맺고 있다.

이러한 세계전략을 추진함에 있어서 본사가 하는 일은 크게 두 가지이다. 첫째는 회사전체의 경영방침과 철학을 확립하고 유지하는 것이다. 둘째는 GO의 교육, 스포츠교육, 전체적인 판매전략, 휴양촌 건설 예정지의 결정, 신상품의 개발, 경쟁전략의 입안 등 세계공통의 전략에 관한 업무를 관장하는 것이다. 또 각 휴양촌의 경영실태를 평가하고, 회사가 제공하는 상품의 질적 향상을 꾀하는 것도 본사의 중요한 임무이다.

이렇듯 클럽메드는 GO라고 하는 독특한 구성원을 중심에 놓고 분권화, 현지화된 휴양촌과 세계전략을 담당하는 중앙본사가 공존하는 형태로 전세계에서 영업활동을 전개해나가고 있다. 이러한 클럽메드를 일본의 어느 경영학자는 '탁상공론과는 거리가 먼, 행동하는 기업'이라고 표현하기도 했다.

이렇게 정열적인 GO와 독특한 조직이라는 바탕 위에, 클럽메드가 제공하는 '편안히 머무르면서 스포츠를 즐기고 사람들과 사귀는 휴

〈그림 2-4〉 스포츠활동을 강조하는 클럽메드의 광고

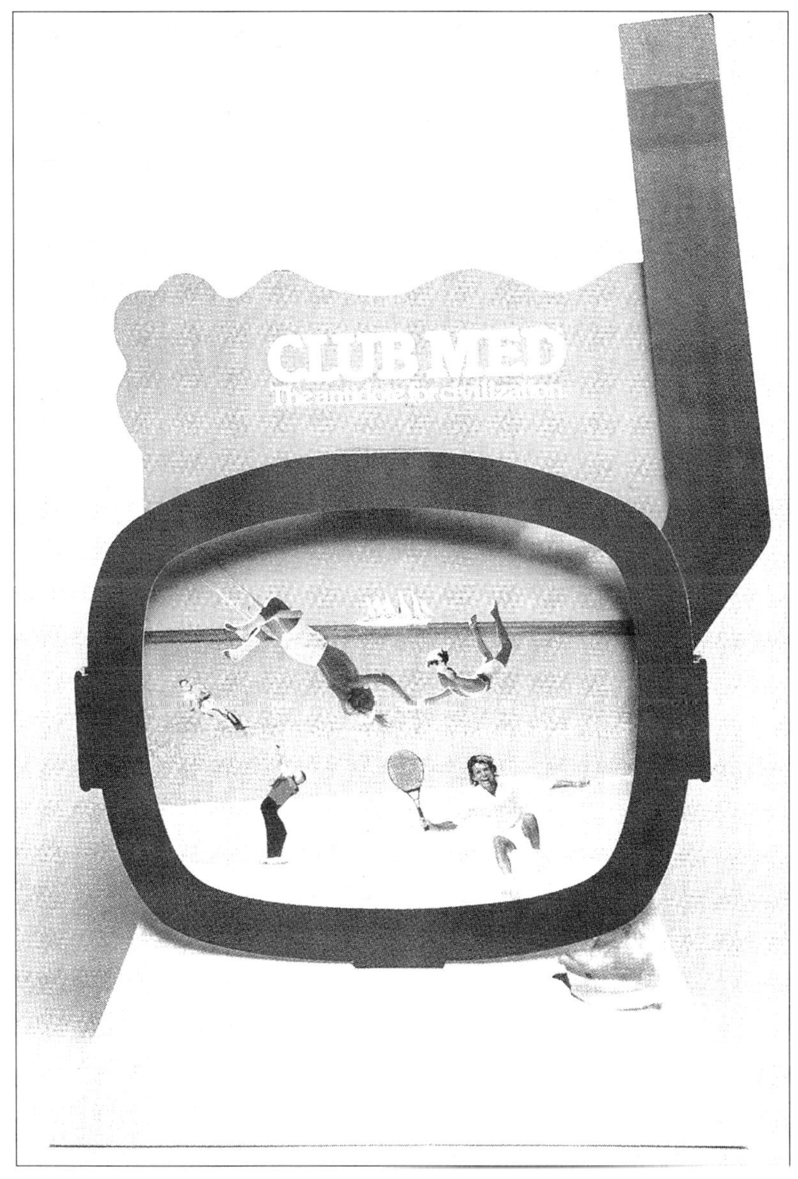

가' 라는 개념의 서비스상품은 많은 사람들의 인기를 끌고 있다. 또한 일정액의 돈만 미리 내면 숙박에서부터 넓은 의미의 오락까지 모두 해결해주는 이 회사의 가격정책도 많은 사람들에게 아주 매력적인 것이다. 이러한 여러 가지 요인으로 클럽메드는 오늘날 세계의 휴가문화를 선도하는 다국적 우량기업으로 성장할 수 있었던 것이다.

클럽메드의 사례가 주는 가장 큰 시사점은 기업경영에 있어서 기업이 제공하는 여러 상품을 공통적으로 묶는 상품개념 또는 철학을 매우 중시해야 한다는 것이다. 아울러 기업이 활력을 갖기 위해서는 개인의 능력을 충분히 살릴 수 있는 분권화된 조직이 꼭 필요하다는 사실도 통감하게 된다.

제3부

선택과 집중의 경영전략

선택과 집중의 경영전략

하버드 경영대학원의 마이클 포터(1990)[1]는, 기업이 추구하는 경쟁 우위의 종류와 선택하는 시장의 범위라는 두 가지 차원에 따라 기업 경영의 기본전략을 네 가지로 나눈 바 있다(그림 3-1 참조).

〈그림 3-1〉의 가장 중요한 시사점은 모든 산업에 다 들어맞는 단 한 가지의 전략만이 있지는 않다는 것이다. 사실 많은 경우, 같은 산업 내에서도 여러 개의 다른 전략이 성공적으로 적용될 수 있다. 물론 산업의 구조에 따라 선택 가능한 전략의 범위가 좁아질 수는 있겠지만, 단 하나의 전략만이 성공할 수 있는 산업은 현실적으로 존재하지 않는다고 해도 지나친 말이 아니다.

기본전략의 개념에서 우리는 전략의 핵심은 경쟁우위라는 것을 알 수 있다. 또 기업이 경쟁우위를 얻기 위해서는 확실하게 선택을 해야 한다는 것도 알 수 있다. 즉 기업이 경쟁사에 대해서 어떤 우위를 가지려면, 추구하는 경쟁우위의 종류와 활동할 시장의 범위를 명확히 정해야 하는 것이다.

---

1) Porter, M.(1990), *The Competitive Advantage of Nations*, New York, N. Y. : The Free Press,

<그림 3-1> 전략의 기본 유형

<table>
<tr><td rowspan="2"></td><td colspan="2" align="center">경쟁우위</td></tr>
<tr><td align="center">낮은 원가</td><td align="center">차별화</td></tr>
<tr><td align="center">넓은
표적
시장</td><td align="center">원가우위</td><td align="center">차별화</td></tr>
<tr><td align="center">좁은
표적
시장</td><td align="center">원가집중</td><td align="center">집중적 차별화</td></tr>
</table>

경쟁의 범위

따라서 이것도 저것도 아닌 어정쩡한 선택을 한다든지, 가능한 모든 전략을 동시에 추구하는 것은 반드시 피해야 한다. 어정쩡한 선택을 하면 전략의 방향이 뚜렷하지 않게 되고, 모든 전략을 동시에 추구하면 근본적인 모순점 때문에 어느 하나도 제대로 실행할 수 없다. 두 경우 모두 그 결과는 평균 이하의 경영실적이 될 것이 뻔하다.

여기에 소개하는 세 사례는 모두 집중적 차별화를 택한 회사들의 이야기이다. SAS는 자주 여행하는 사업가들에게 집중하고 그들에게 차별화된 서비스를 제공하고 있으며, 질레트는 최고급 칫솔시장을 표적시장으로 정했다. 또 모빌 오일은 가격보다는 서비스에 민감한 사람들을 표적시장으로 하고 그들에게 여러 가지 부수적인 서비스를 제공하는 전략을 쓰고 있다.

뚜렷한 경영철학을 실천하고 있는 SAS

고객만족경영을 얘기할 때 반드시 언급되는 책이 하나 있다. 바로 '진실의 순간' 이라는 유명한 책이다. 이 책은 약관 38세에, 적자에 허덕이는 스칸디나비아항공(SAS)의 사장에 취임하여 이 회사를 세계적이고 수준 높은 흑자회사로 바꿔놓은 얀 카를존(Jan Carlzon)의 자서전적 경영서이다.

SAS를 이용하는 승객의 수는 일년에 약 1천만 명인데, 이들은 이 회사의 종업원 다섯 사람과 평균 15초씩 접촉한다고 한다. 이 15초를 카를존은 '진실의 순간' 이라고 표현한 것이다. 한 번에 15초씩, 1년에 5천만 번 일어나는 이 '진실의 순간' 이 회사에 대해 고객이 갖는 이미지를 결정짓고, 결국은 그것이 회사의 성공을 좌우한다는 것이 그의 주장이다. 그러나 이 책에서 카를존이 정말로 전달하고자 하는 것은 단순히 '15초 얘기' 만이 아니다.

이 책의 진정한 메시지는 경영자가 전략의 방향성을 명확히 설정해야 한다는 것과 그것을 시행하는 데 있어서는 부하들에게 자유재량권을 주어야 한다는 것이다. 고객과 접촉하는 15초에 관한 이야기는 실은 그 다음에서야 중요한 논점이 되고 있다.

사실 이 책에서 카를존은 기내식을 유료로 한다거나, 최신형 항공기를 쓰지 않고 구형 모델[2]을 쓰는 등 고객을 최우선시하는 철학과는 거

---

2) 이와 관련한 카를존의 모토는 다음과 같다고 한다.
"우리는 사람을 실어나르는 회사이지, 비행기를 운송하는 회사가 아니다(We fly people, not planes!)."

리가 먼 듯한 얘기를 몇 군데에 걸쳐서 하고 있다. 그러나 이러한 조치는 훨씬 높은 우선순위를 무언가 다른 것에 두고 있기 때문에 취한 것이고, 그런 의미에서 이런 것이 바로 SAS가 추구하는 고객위주경영의 발로라는 것이다. 그러면 SAS가 최우선순위를 두고 있는 것은 무엇인가? 그것을 이 회사는 다음과 같이 표현하고 있다.[3]

> **"자주 여행하는 사업가들에게 있어서 세계 최고의 항공회사가 되는 것"**

카를존은 이 목표를 달성하기 위해서는, 불필요한 것은 과감히 잘라내고 필요한 일에는 투자를 아끼지 않는다는 경영방침을 명확히 하고 그것을 과감히 밀고나갔다. 그리고 바로 이런 점이 SAS의 핵심성공요인이라는 것이다.

불황기에는 모든 것을 일률적으로 줄인다는 얘기를 흔히 듣는다. 그러나 어떻게 보면 이것은 경영자의 무능을 나타내는 말일지도 모른다. 사실 경영전략의 요체는 집중과 전개(deployment)이다. 일률적으로 삭감한다는 것은 축소균형을 꾀한다는 뜻인데, 이런 것이 좋은 경영전략일 수는 없다.

이런 점을 이해한다면, 좋은 서비스회사는 필요한 때는 고객들에게 정중하게 "아니오"라는 말을 하는 회사라는 것을 알 수 있다. 즉 고객이 말하는 것이라면 무엇이든지 다 들어주는 것이 곧 진정한 서비스는 아니라는 것이다. 오히려 뚜렷한 사업전략이나 기업이념의 바탕도

---

3) 스칸디나비아항공의 새 슬로건은 다음과 같다.
   "SAS : the businessman's airline."

없이 아무 의미없는 미소를 흘리는 종업원과 마주친다거나 불필요한 과잉서비스를 받게 되면 고객은 짜증을 낸다.

예를 들어, 고객은 값싸고 품질 좋은 물건을 사려고 슈퍼마켓에 간다. 그런데 그 곳에서 종업원이 아주 상냥하게 대하면서 똑같은 물건을 비싸게 팔고 있다고 하자. 그렇다면 종업원이 아무리 부드럽게 손님들을 대해도 그들은 괘씸하다고 생각하며 발길을 돌리고 말 것이다.

이런 면에서, 스칸디나비아항공의 이야기는 뚜렷한 사업전략과 우선순위의 중요성을 새삼 깨우쳐주는 매우 귀중한 사례라 하겠다.

고급칫솔시장을 석권하고자 하는 질레트

1998년 가을, 미국의 질레트(Gillette) 사는 크로스 액션(Cross Action)이라고 하는 최고급칫솔을 4.99달러라고 하는 아주 비싼 값에 내놓는다. 이것은 다른 고급칫솔보다 50% 이상 높은 가격이었다. 크로스 액션의 솔은 세 줄로 서 있는데 각 줄의 솔이 서 있는 각도가 서로 다르다. 이렇게 함으로써 입 안의 노폐물을 훨씬 많이 그리고 효과적으로 제거할 수 있다는 것이 질레트가 이 제품에서 가장 크게 내세우고 있는 점이다. 또한 이것은 손잡이가 어른의 엄지손가락만큼이나 두껍다는 특징이 있다.

질레트가 크로스 액션을 개발하게 된 데는 크게 두 가지 배경이 있다. 첫째, 질레트는 최근에 매출, 이익, 주식값이 모두 떨어지는 바람에 재정적인 어려움을 겪고 있다. 이것은 개발도상국에서의 매출이 신통치 않은데다가 새로운 면도기 마하 3(Mach 3)을 내놓는 데 돈을 많이 썼기 때문이었다. 둘째, 이러한 난국을 타개하는 데 있어서 칫솔시장은 좋은 해결책을 제공해줄 수 있다. 왜냐하면 최근 이 시장은 매년 10% 이상 급성장하고 있고, 98년에는 그 규모가 이미 6억 5천만 달러에 달했기 때문이다(그림 3-2 참조).

이렇게 성장을 거듭하는 칫솔시장에서 요 몇 해 사이에 나온 신제품들은 주로 고급시장을 겨냥한 것이었다. 그러나 얼마 전까지 어떤 회사도 감히 3달러가 넘는 제품을 내놓지 못했다. 그 벽을 뚫은 것이 질레트 다음의 업체, 즉 칫솔시장 업계 2위인 콜게이트(Colgate)이다.

<그림 3-2> 미국의 주요칫솔상표의 매출액

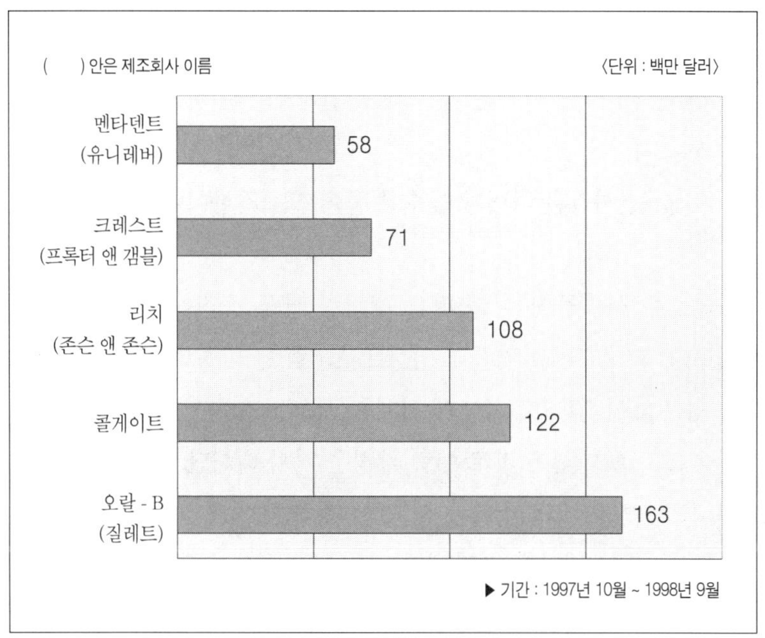

이 회사가 98년 가을에 선보인 토털 프로페셔널(Total Professional)은 값이 3.3달러인데, 이 칫솔은 몇 가지 혁신적인 면을 갖추고 있다.

사실 5달러짜리 칫솔을 만드는 것은 오래 전부터 질레트가 가졌던 꿈이었다. 그러나 칫솔 하나에 무려 5달러를 받으려면 정말로 우수한 제품이 필요하다. 그래서 이 회사는 몇 년 전에 디자이너, 마케팅전문가, 엔지니어 등으로 이루어진 개발팀을 만들고, 이들에게 획기적인 고급칫솔을 개발하라는 과제를 준다. 이들은 먼저 소비자들이 실제로 어떻게 이를 닦나 알아보기 위해 그들이 목욕탕에서 이 닦는 모습을 자세히 비디오카메라에 담는다. 그 결과 개발팀이 알아낸 주요 사실은 다음과 같다.

- 대부분의 사람들은 위아래가 아닌 옆으로 칫솔을 움직인다.
- 한 번 이 닦는 시간은 평균 46초다(치과의사들이 권장하는 시간은 2분이다).
- 이 닦는 시간은 나이가 들수록 줄어드는 경향이 있다.

개발팀은 사람들이 이를 닦을 때처럼 팔을 움직이는 로봇과 고속 비디오카메라, 그리고 컴퓨터 영상프로그램 등 각종 기자재 및 첨단기법을 동원하여 50가지 이상의 시제품(prototype)을 테스트한다. 최고급칫솔 크로스 액션은 바로 이런 과정을 거쳐 태어난 것이다.

질레트는 또한 크로스 액션의 값을 정하기 위해 3.99달러와 4.99달러라는 두 개의 대안을 시장에서 미리 테스트해본다. 그랬더니 이 두 값에 대한 소비자들의 반응에 큰 차이가 없었다고 한다. 그래서 이 회사의 경영진은 제품의 성능을 보아 4.99달러라는 값이 크게 문제되지 않을 것이라 확신하고 있다.

모빌 오일의 독특한 시장세분화전략

미국의 휘발유시장은 경쟁이 매우 치열하다. 오랫동안 이 시장에서 경쟁의 무기로 가장 많이 사용된 마케팅도구는 가격이었다. 그런데 모빌 오일(Mobil Oil)은 정밀한 조사기법을 써서 시장을 세분한 결과 운전자들의 불과 20%만이 이른바 가격민감층(Price Shoppers)에 속한다는 것을 알게 되었다. 가격민감층이란 휘발유의 가격만을 보고 주유소를 선택하는 사람들을 말한다. 구체적으로 이 회사가 정교한 모델을 이용하여 파악한 미국 휘발유시장의 세분시장은 다음과 같다.

■ 자동차애호가

휘발유를 구입하는 사람들의 16%가 이 세분시장에 있으며, 대체로 소득이 많고 일년에 2만 5천 마일에서 5만 마일 정도를 뛰는 중년남지들이다. 이늘은 좋은 상표의 휘발유를 애호하며 휘발유값은 신용카드로 내는 경향이 있다. 또 이들은 주유소에 있는 바에서 자주 샌드위치를 사 먹으며, 가끔 주유소에서 세차서비스를 받기도 한다.

■ 알짜배기

운전자의 16%를 차지하는 이 세분시장은 소득수준이 중간 이상인 남녀로 이루어져 있다. 이들은 특정상표를 애호하며, 때로는 특정주유소만을 찾기도 한다. 또 이들은 좋은 상표의 휘발유를 주로 쓰며, 대체로 휘발유값은 현금으로 낸다.

■ F3세대

F3이란 '연료(fuel)', '음식(food)', '빨리(fast)'를 뜻하는 말이며, 운전자의 27%가 이 세분시장에 속한다. 여행을 자주 다니는 남자 및 여자들이며, 이들의 반은 스물 다섯 살 미만이다. 또 이들은 편의점에서 싸구려 스낵을 많이 사먹는다.

■ 동네운전자

운전자의 21%가 이 세분시장에 있다. 대체로 낮에 자기 아이들을 동네의 이 곳에서 저 곳으로 자동차로 데려다주고 다시 실어오는 가정주부들이다. 이들은 지나가다 눈에 띄는 주유소에서 기름을 넣는 경향이 있다.

■ 가격민감층

운전자의 20%가 이 세분시장에 속하며, 이들은 어떤 특정상표의 휘발유나 특정주유소를 특별히 애호하지 않는다. 이들은 돈이 별로 없기 때문에 값만 보고 기름을 넣는다. 그 동안 석유회사들의 마케팅전략은 주로 이 사람들을 끌어들이는 데 초점을 맞춰 왔다.

모빌 오일은 그 동안의 전략을 획기적으로 바꾸고, 이제 '자동차애호가'와 '알짜배기'라는 두 세분시장에 주로 힘을 쏟고 있다. 이 두 시장은 가격의 영향을 덜 받으며, 오히려 상표가 주는 부가가치와 주유소에서 제공하는 여러 가지 부수적인 서비스에 더 민감하다. 예를 들어, 주유소에 있는 바에서 제공되는 각종 편의, 빠른 서비스, 세차, 예의바르고 친절한 종업원 등이 그러한 부수적인 서비스이며, 모빌은 바로 이런 요소들을 강화하고 있다. 더군다나 이 두 시장은 "실속있는 고객들"로 이루어져 있다. 예를 들어, 자동차애호가들은 전체시장의 16%에 지나지 않으나, 이들의 구매량은 전체 매출의 30%를 차지한다고 한다.

제 4 부

독일기업에게서 배운다

독일기업에게서 배운다

최근 들어 우리나라의 업계와 경영학계에서 일종의 화두처럼 쓰이는 말이 세계표준(global standard)이라는 개념이다. 그런데 우리가 회계장부의 정확성이나 경영의 투명성을 얘기할 때 그것들이 세계표준에 맞아야 한다고 하면, 이 경우 우리는 이 개념을 옳게 쓰고 있다. 그런데 맥킨지, 부즈 알렌 해밀턴 등 미국컨설팅회사들이 쓴 보고서가 소개되고, GE의 인상적인 경영혁신 등 미국의 초일류기업들의 사례가 널리 알려지면서 많은 사람들이 "세계표준＝미국식 경영방식"이라는 착각에 빠지고 있는 것 같다. 그러나 이것은 다음과 같은 몇 가지 이유로 인해 결코 바람직한 현상이 아니다.

- 미국기업의 경영방식은 우리가 활용해야 하는 경영에 관한 많은 정보의 일부에 지나지 않는다.
- 미국 이외의 다른 나라에도 많은 훌륭한 기업들이 있으며, 우리는 그들의 경영방식도 이해할 필요가 있다.
- 미국식 경영은 어차피 미국이라는 나라에서 생겨났고 그 곳에서 꽃을 피운 관리방식이다. 따라서 그것을 토양과 풍토가 전혀 다른 우리나라에 그대로 들여오는 것은 무리일 것이다.

■ 예술이나 학문에서와 마찬가지로, 기업경영에서도 자기의 아이디어는 없고 남의 것을 베끼거나 모방만 해서는 앞서가는 기업을 절대로 따라잡을 수 없다. 그러므로 우리가 미국식 경영을 세계표준으로 생각하고 그것을 그대로 따라가면 우리는 영원히 그네들에게 뒤지게 마련이다.

그렇다면 우리는 미국기업의 뛰어난 경영방식을 열심히 배우되, 그밖의 다른 나라에서 쌓인 독특한 경영노하우도 알고 이해해야 한다. 그런 차원에서 우리는, 특별히 이 장에서는 세계적인 경쟁력을 갖고 있는 몇몇 독일회사들을 다루고자 한다.

또 우리는 선진기업들의 경영방식을 어느 정도 알았다고 해서, 그것을 그대로 도입한다거나 우리의 장점을 무시하거나 해서는 안 된다. 남을 연구하고 남에게서 배우는 궁극적인 목적은 어디까지나 우리에게 맞는 우리 나름의 길을 찾기 위함이다.

독일기업들 중에서 BMW, 다이믈러-벤츠, 바이엘 등은 우리에게도 비교적 잘 알려져 있는 회사들이다. 그래서 우리는 독일이 자동차나 화학 등 전통적인 산업에서만 강하다고 생각하기 쉽다. 그러나 아래의 사례들을 통해 볼 수 있듯이 미국기업들이 막강한 위치를 차지하고 있는 미디어, 소프트웨어, 컨설팅 등의 분야에서도 독일은 세계적인 기업을 갖고 있다. 특히 베르텔즈만(Bertelsmann)은 월트디즈니에 이어 세계 제2의 미디어회사이다. 또 알리안쯔(Allianz)는 세계 제3의 보험회사이다. 여기에 소개된 알리안쯔 사례의 시사점은 다음과 같다.

- 기업이 어떤 방식으로 다른 나라에 진출하건, 진출방식보다 중요한 것은 현지에서의 경영전략과 그것을 실행하는 경영자의 능력이다.
- '고객만족', '조직의 유연성', '실적 위주의 경영' 등은 어느 나라에나 적용할 수 있는 관리개념으로 보인다.
- 보험업계에서 과학적인 기법에 의한 위험관리는 큰 효과를 낼 수 있다.

이 장에서 가장 주목해야 할 사례는 독일의 '숨은 챔피언들' 이야기다. 우리는 여기서 나름대로의 독특한 전략으로 세계시장을 석권하고 있는 기업들의 전형적인 보기를 찾아볼 수 있을 것이다. 당당한 자세로 묵묵히 자기의 길을 열심히 가고 있는, 이들 작은 거인들에게서 왠지 큰 무게가 느껴진다.

제품개념을 가장 중시하는 혁신기업 BMW

맥주의 도시로 잘 알려져 있는 독일의 뮌헨(München)은 이 나라 남부의 아름다운 지방 바이에른(Bayern)의 주도(州都)이다. 1972년 올림픽대회가 열린 바 있는 뮌헨의 교외에는 올림픽 주경기장이 있고, 그 바로 근처에 유명한 BMW의 본사건물이 있다. 흔히 '4기통' 이라고 불리는 이 건물은 그 모습 자체가 BMW의 뛰어난 엔지니어링 능력을 매우 잘 상징하고 있다(그림 4-1 참조).

그런데 이 건물에는 네모진 사무실이 없고, 그 대신 둥그런 대형사무실에서 직원들이 일하고 있다. 이렇게 사무실의 모양이 둥글고 안이 확 트였기 때문에 통풍이 잘되고 실내분위기가 밝다고 한다. 이렇게 밝고 인간미있는 분위기는 본사건물이 상징하는 고성능 엔지니어링의 이미지와 더불어 BMW의 또 하나의 얼굴이다.

BMW의 이러한 기업문화는 독일에서도 가장 밝고 라틴적인 분위기가 짙은 바이에른 지방의 풍토와도 깊은 관계가 있다. 그래서 그런지 BMW는 바이에른 지방을 무척이나 사랑하고 있고, 또 독일회사이기 전에 바이에른의 회사라는 것을 자랑으로 여기고 있다. 그러한 자부심은 이 회사의 이름에서도 잘 드러난다. 즉 BMW는 'Bayerische Motoren Werke(바이에른 모터제작소)' 의 약자인 것이다.

제2차세계대전 때 공장이 모두 파괴되었던 BMW는 전쟁이 끝난 후 'R24' 라고 하는 1기통짜리 모터사이클로 재기를 꾀한다. 이것이 큰 인기를 모으자, 용기를 얻은 BMW는 1951년 대형고급차 '501' 모델을

<그림 4-1> 뮌헨에 있는 BMW 본사

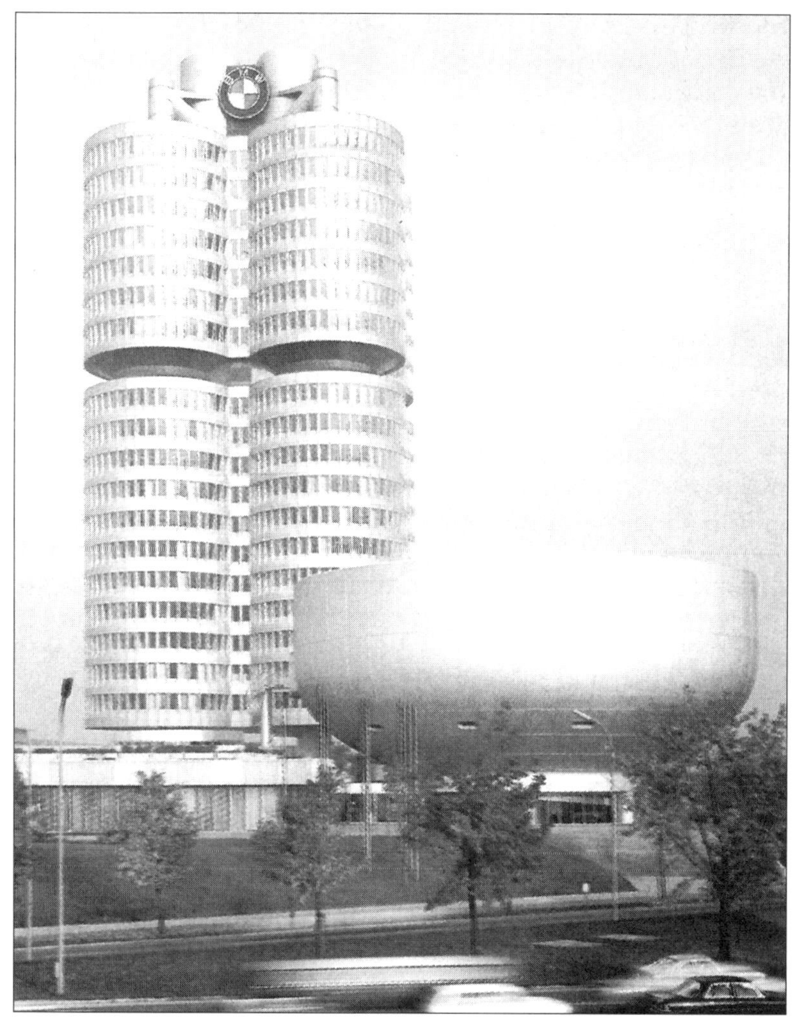

시발로 다시 본격적으로 승용차를 생산하기 시작한다.[1] 그러나 대형 리무진의 영업실적은 그다지 좋지 않았다. 역시 이 분야에서는 막강한 벤츠(Benz)를 당할 수가 없었던 것이다. 게다가 전쟁 후의 독일사람들이 살 수 있었던 자동차는 작고 값이 싼 차였다. 그렇기 때문에 'BMW1500'이 등장해서야 비로소 소비자들은 BMW 차를 즐겨 찾기 시작한다. 또 독일인들은 오펠(Opel) 등의 경쟁사가 만들 수 없는 '스포티하면서 튼튼한(sporty and solid)' 차를 원했는데, BMW가 바로 그러한 욕구를 만족시킨다.

이러한 경험을 통해 BMW는 매우 귀중한 교훈을 얻는다. 그것은 공학적으로 아무리 차를 잘 만들어도 그 차에 뚜렷한 이미지와 철학, 즉 제품개념(product concept)이 없으면 시장에서 성공하기가 힘들다는 것이었다. 이렇게 하여 BMW의 제품개념, 나아가서는 경영철학의 형성과정이 시작된다. 즉, 도대체 어떤 사람들이 우리 차를 타면 좋은가, 다른 차와 무엇이 다른가, BMW의 차는 무엇을 표현하고 있는가에 대한 고민이 시작되었다. 60년대는 BMW가 이러한 문제에 대해 고민하면서 회사의 철학을 자동차라는 구체적인 제품으로 표현하기 위하여 노력한 시대였다.

이때 회사가 주로 힘을 기울인 것은 '스포티하면서 튼튼한' 차를 철저히 구현하는 것이었다. 그 결과 BMW는 속도제한이 없는 독일의 아우토반(Autobahn)에서 벤츠를 가볍게 추월할 수 있게 되었으며, 또한 젊고 자유분방한 분위기가 있는 소비자들로부터 무척 사랑받는 차로 자리매김하였다.

---

1) BMW는 이미 전쟁 전에 승용차회사로서 높은 명성을 얻은 바 있다.

1970년대에 들어서자 BMW는 '520'으로 대표되는 '5시리즈'를 판매하기 시작하는데, 이것은 기존의 스포티한 이미지에 비할 데 없는 고급분위기(exclusive)를 덧붙인 아주 새로운 개념의 차였다. 이렇게 고급분위기를 강조함으로써 이제 BMW는 고급승용차시장에서 최대 경쟁사인 다이믈러-벤츠(Daimler-Benz)와 매우 치열한 경쟁을 벌이게 된다. 두 회사를 대조시켜 이야기하는 다음과 같은 말들이 본격적으로 들리기 시작한 것은 바로 이즈음부터이다.

"벤츠는 보수적이고 중후하며, BMW는 자유롭고 젊다."
"벤츠는 원래부터 부자인 사람들이 타고, BMW는 스스로의 힘으로
　부(富)를 쌓아올린 사람들이 좋아하는 차다."

〈그림 4-2〉 주요 자동차회사의 투자수익률

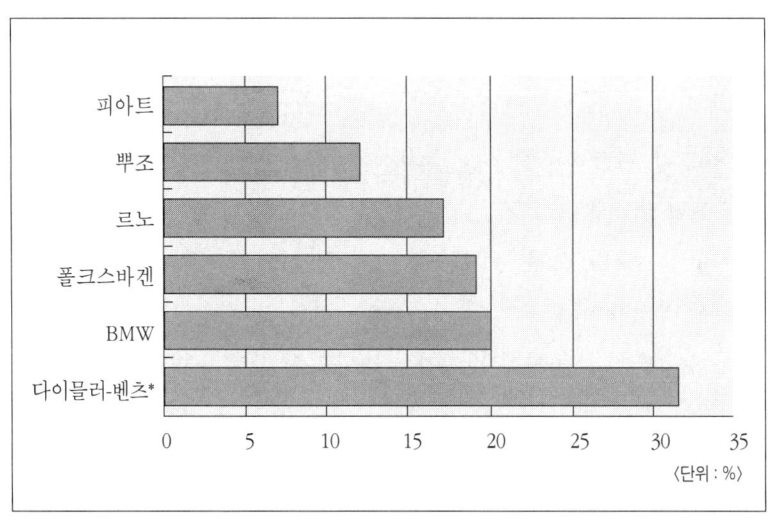

* 크라이슬러와 합병하기 전의 통계

그러나 1973년 제1차 석유위기(oil shock)가 닥치자 BMW는 스포티, 고급분위기에 이어 경제성(economy)이라는 이미지를 추가하지 않을 수 없게 된다. 콤팩트(compact)하면서도 중량감이 있는 '3시리즈'는 바로 이러한 시대분위기에서 태어난 것이다.

그 후 벤츠와의 경쟁이 더욱 치열해지자 BMW는 '7시리즈'라고 하는 최고급승용차를 개발하여 전통적인 벤츠의 아성에 도전한다. 또 독일인들의 환경의식이 강해지자 경제성의 의미를 한층 더 발전시킨 환경친화(ecology)의 개념을 자동차에 반영하고 있다.

이렇게 혁신기업 BMW는 시대의 변화에 맞춰 늘 그 시절에 맞는 명확한 제품개념을 확립하려고 애쓰고 있다. 그 결과 최근까지 이 회사의 실적은 상당히 좋은 편이다(그림 4-2 참조). 그러나 다이믈러-벤츠가 미국의 크라이슬러(Chrysler)를 인수하고, 스웨덴의 볼보(Volvo)가 포드(Ford)에 매각되는 등 세계의 자동차업계는 초대형회사 중심으로 재편되고 있다. BMW는 1994년 영국의 대중용 승용차회사 로버(Rover)를 20억 마르크에 인수하여 연간 생산량이 120만 대로 늘어났다. 그러나 이것은 폴크스바겐(Volkswagen)이나 도요타(Toyota)의 1/4밖에 안 되는 수준이며, 르노(Renault)나 뿌조(Peugeot)의 절반 정도에 지나지 않는다.[2]

하지만 이보다 더 큰 문제는 로버의 적자가 계속 쌓이고 있다는 것이다. 로버의 98년도 적자액은 약 8억 7천만 달러에 달했는데, 2003년이 되어야 흑자로 돌아설 것이라는 비관적인 견해가 나오고 있다.

그리하여 이 회사의 최고의사결정기구인 감독회(Aufsichtsrat)는

---

2) 규모면에서 BMW는 세계 제14위이다.

1999년 1월 로버를 인수했던 베른트 피쉐츠리더(Bernd Pischetsrieder) 회장을 전격적으로 해임하고, 후임에는 뮌헨공과대학 교수 출신인 제조본부장 요하임 밀버그(Joachim Milberg) 씨를 기용한다. 이것은 그만큼 '로버' 문제가 심각하다는 뚜렷한 증좌(證左)이다. 세계자동차업계가 전면적으로 재편되고 있는 소용돌이 속에서 업계 순위 14위의 BMW가 로버라는 부실기업을 안은 채 앞으로도 과거와 같이 화려한 독자노선을 걸을 수 있을지는 아직 미지수라 하겠다.

메르세데스 – 벤츠의 놀라운 저력

1998년 5월 7일, 독일이 자랑하는 자동차회사 메르세데스-벤츠(Mercedes-Benz)는 미국 제3의 자동차회사 크라이슬러(Chrysler)를 380억 달러에 인수한다는 어마어마한 계획을 발표한다. 이것은 90년대 초 한때 BMW나 도요타와의 경쟁에서 고전하는 듯하던 메르세데스가 이제 옛날의 영광을 완전히 되찾았다는 것을 상징적으로 보여주는 큰 사건이었다.

제2차세계대전이 끝난 이후, 오랫동안 메르세데스는 그야말로 오로지 성장밖에 모르는 회사였다. 심지어 1973년 제1차 석유위기를 맞아 거의 모든 자동차회사들이 큰 어려움을 겪고 있을 때도 이 회사의 매출은 늘기만 했다. 뛰어난 엔지니어링 능력으로 이름난 메르세데스는 고급자동차시장에서 아주 확고한 명성을 갖고 있었기 때문에 수요는 언제나 공급을 능가했다. 그래서 메르세데스의 경영자들은 우스개 소리로 다음과 같은 농담을 하곤 했다고 한다.

"우리 메르세데스는 차를 '팔지' 않는다. 다만 맘에 드는 고객들에게 '배급' 해줄 뿐이다."

그러나 이러한 번영과 오만으로 말미암아 메르세데스에는 안이(安易)한 분위기가 만연되었으며, 그 결과 판매가 떨어지기 시작하는데도 그에 대한 반응은 그다지 재빠르지 않았다. 그러다가 두 개의 충격적인 사건이 일어난다. 하나는 미국의 메사추세츠공과대학(MIT)에서 《세계를 바꾼 기계(The Machine that Changed the World)》란 책을 낸 것이다. 이 책에서 지은이들은 '린 생산방법(Lean Production Methods)'이라는 일본의 생산기술을 높이 평가하였으며, 반면에 메르세데스의 밥줄이라고 할 수 있는 엔지니어링과 품질면에 대해서 이 회사를 신랄하게 비판했다.

이 책이 나오자 메르세데스의 경영자들은 크게 당황하고 격분하였다. 그러나 그들이 이 책을 1,000권이나 주문한 것을 보면 그들이 큰 자극을 받은 것은 틀림없었다. 또 하나는 도요타가 내놓은 렉서스(Lexus)의 성공이다. 도요타는 '독일의 품질을 적은 돈으로(German quality for less)' 라는 문구로 렉서스를 광고하였으며, 이에 대한 미국 소비자들의 반응은 대단히 좋았다. 그러나 렉서스의 값이 3만 5천 달러였을 때 비슷한 메르세데스의 값이 5만 달러였다는 것을 생각하면 이러한 결과는 어쩌면 당연한 것이었다고 볼 수 있다.

이 두 사건으로 큰 충격을 받은 메르세데스는 드디어 헬무트 베르너(Helmut Werner)의 주도하에 대대적인 구조조정에 착수한다. 1993년 4월, 베르너는 "메르세데스 차는 지나치게 복잡하게 만들어졌기(overengineered) 때문에 세계시장에서 가격경쟁력을 잃었다."고 선언한다. 같은 해에 도요타의 렉서스는 북미에서 메르세데스보다 더 많이 팔리고, 경쟁사 BMW는 판매량면에서 메르세데스를 앞서기 시작한다. 이런 상황하에서 베르너는 메르세데스가 다음과 같은 세 가지 일을 해야 한다고 확신한다.

> - 원가를 절감한다.
> - 고객의 소리에 귀를 기울인다.
> - 제품 구색을 늘린다.

이 중에서 특히 중요한 것은 세 번째, 즉 제품 구색의 문제였다. 메르세데스의 텃밭인 고급자동차시장은 이제 경쟁사들로 붐비고 있다. 따라서 메르세데스는 이 시장에만 머무르면 안 되고 소형차부터 리무진까지 모든 등급의 승용차를 만들어야 한다는 것이 베르너의 생각이었다. 이후 메르세데스가 취한 주요조치는 다음과 같다.

■ 92년에 10만 3천6백 명이었던 승용차부문의 종업원 수를 95년 말까지 8만 5백50명으로 줄였다. 남은 종업원들도 회사의 개혁활동에 참여하는 뜻에서 임금 인하를 감수했다. 이 밖에도 메르세데스는 원가를 내리고 생산성을 올리기 위한 노력을 많이 기울였다. 그 결과 슈투트가르트 근처에 있는 진델핑겐(Sindelfingen) 공장에서는 92년에 3만 7천 명의 인원이 하루에 1,240대의 자동차를 생산했는데, 98년에는 3만 명이 하루에 1,800대를 생산할 수 있게 되었다. 또한 원가가 많이 떨어졌기 때문에 렉서스 등의 경쟁제품이 누리던 가격 면에서의 경쟁우위를 많이 약화시킬 수 있었다.

■ 품질향상을 꾀하기 위하여 현장종업원들에게 대폭 권한을 부여했다(employee empowerment). 예를 들어, 옛날에는 감독자

(foreman)들이 노동자들의 출근 · 휴식시간 등을 정했지만, 이제는 노동자들로 이루어진 팀들이 자율적으로 그런 결정을 내린다. 권한과 함께 그들에게 더 많은 책임이 주어진 것은 말할 것도 없다.

■ 더 젊고 더 스포티한 이미지를 만들기 위한 마케팅캠페인을 벌였다. 이러한 캠페인의 일환으로 메르세데스는 새로운 이미지를 부각시키기 위해 1955년 이후 중단했던 포뮬러 원(Formula One) 경주대회를 95년에 다시 시작한다.

■ 스포티한 모델을 비롯한 새로운 차종을 여러 개 내놓았다. 그런데 이 과정에서는, 신제품을 개발하는 것보다 '메르세데스는 돈 많은 사람들만 타는 차'라는 경영자들의 고정관념을 없애는 것이 더 어려웠다고 한다. 그러나 경쟁사들의 위협을 크게 느끼고 있던 메르세데스는 결국 전통보다는 실용주의를 택한다. 메르세데스의 신제품개발전략은 이러한 진통을 거쳐서 나온 것이며 현재 큰 성공을 거두고 있다. 예를 들어, 1998년 여름 북미에서 잘 팔린 메르세데스 차는 아래와 같은데, 이것들은 모두 새로운 모델이거나 완전히 뜯어고친 차종들이다.

· E-클라스 : 고급세단
· M-클라스 : 이것은 알라배마에서 생산하고 있는 스포티한 다용
         도 차로서, 97년에 처음 시장에 나왔다.
· C-클라스 : 93년에 나온 조금 작은 차이며, 메르세데스의 여러 차
         종 가운데 현재 전세계에서 가장 인기있는 모델이다.

· S-클라스 : 메르세데스의 최고급모델이며, 90년대 초 비평가들의 혹평을 들은 뒤, 다시 설계된 바 있다.

이 밖에 메르세데스는 유럽에서 소형차 A-클라스를 팔고 있는데 이것은 메르세데스로서는 아주 혁명적인 차이다. 왜냐하면 값이 1만 7천4백 달러밖에 안 되기 때문이다. 그래서 이 차의 경쟁제품은 렉서스나 BMW가 아니라 포드의 피에스타(Fiesta)와 폴크스바겐의 골프(Golf)이다. 현재 이 차는 유럽에서 매우 잘 팔리고 있다.

그러나 메르세데스가 해결해야 할 과제는 아직도 많다. 우선 효율이 일본회사들보다 아직도 약 20% 정도가 낮고, 주문이 밀려도 노동자들의 초과근무 수당이 비싸기 때문에 토요일에는 공장을 돌릴 수가 없다. 또 품질면에서 일본차보다 못하다는 조사결과도 나와 있다고 한다. 그러나 이제 다이믈러-크라이슬러로 다시 태어난 이 회사가 메르세데스와 크라이슬러의 장점들을 잘 살려 시너지효과를 극대화한다면 21세기에는 더욱 막강한 경쟁력을 발휘할 것이 틀림없다.

연구개발에 승부를 걸고 있는 바이엘

독일의 세계적인 기업 바이엘(Bayer)의 목표는 세계제일의 화학-제약회사가 되는 것이다. 이 목표를 달성하기 위해 바이엘은 연구개발에 한층 더 힘을 기울이고 있으며, 이른바 '젊은 제품' 이라고 불리는 신제품들이 총매출에서 차지하는 비중은 더욱더 커지고 있다. 예를 들어, 이 회사의 97년도 총매출액은 550억 마르크였는데, 이것의 50% 이상이 아직 세상에 나온 지 15년이 채 안된 제품에서 나왔다고 한다.

이 회사의 연구개발 예산은 97년에 37억 마르크, 98년에는 41억 마르크에 달하고 있는데, 이 가운데 56%는 독일, 28%는 북미, 그리고 4%는 일본에서 쓰이고 있다. 이 회사의 핵심연구소는 독일의 부퍼탈(Wuppertal)에 위치해 있으며, 이 밖에 미국의 웨스트 헤이븐(West Haven)과 일본의 쿄토에서도 활발한 연구활동이 이루어지고 있다. 바이엘은 2000년대 전반까지 연구개발비를 100억 마르크 이상으로 늘릴 계획이며, 또한 그 중 20%는 외부기관과의 공동연구에 쓸 예정이다. 건강이나 농업 등 앞으로 전망이 특히 밝아 보이는 분야에 총예산의 약 70%가 투자되고 있으며, 제약분야에는 17억 마르크가 배정되어 있다.

신약, 즉 새로운 약품을 개발하는 데는 시간이 많이 걸린다. 신약의 개념을 잡고 나서 그것이 시장에 나오기까지 걸리는 시간은 평균 6.8년이다. 현재 바이엘이 개발하고 있는 신약들은 2005년경에 시장에 나올 예정인데, 이 회사는 그것들의 잠재적인 판매액을 약 100억 마르크 정도로 잡고 있다.

잘 알려져 있다시피 바이엘의 약품은 수명이 매우 길다. 예를 들어, 나온 지 이미 100년이 넘은 '아스피린' 말고도 20여 년 전에 나온 고혈압치료제 '아달라트(Adalat)'도 계속해서 무척 잘 팔리고 있다. 바이엘의 제약사업부장인 호르스트 마이어(Horst Meyer) 씨에 따르면 아달라트는 앞으로 매년 20억 마르크 이상 벌어들일 수 있을 것으로 기대된다고 한다.

인류가 알고 있는 질병 중의 아직도 50% 이상이 치료가 불가능하다. 그러나 꼭 신약만이 해결책은 아니다. 바이엘의 제약사업부는 97년에 84억 마르크의 매출을 올린 바 있는데, 그 성공요인의 하나는 기존 약품들에서 새로운 용도를 찾아낸 것이다. 100년 전에 아스피린이 나왔을 당시, 장차 이것이 심근경색증을 예방하는 데 쓰일 줄은 아무도 몰랐을 것이다. 이와 같이 바이엘의 약품은 아직도 치료목적으로 새롭게 활용할 수 있는 여지가 많이 있다고 이 회사는 이야기하고 있다.

바이엘은 또한 이른바 작용물질(Wirkstoff)을 합성하는 기술을 개발하는 데도 힘을 기울이고 있다. 98년에 바이엘에서는 결함있는 유전자를 제지하는 효과를 파악하기 위해 로봇을 써서 매일 약 4만 가지의 물질을 검사했다. 이 회사는 이 숫자를 조만간 10만으로 늘릴 예정이다. 이러한 핵심기술을 개발하기 위해 바이엘은 2002년까지 약 7억 8천만 마르크를 투입할 계획이며, 그 중 60%는 외부의 파트너와 함께 연구하는 데 쓰일 것이다. 이러한 프로젝트의 수행을 위해 바이엘은 연구원을 더 채용해야 하는데, 현재 바이엘의 제약사업부에 근무하는 연구원의 수는 약 1만 4천 명이며, 그 가운데 8,700명은 독일에서 일하고 있다.

바이엘이 연구하고 있는 것 가운데 특히 기대를 걸고 있는 것은 다음 세대의 항생제라고 할 수 있는 '목시플록사신(Moxifloxacin)' 이다. 이것은 호흡기질환을 일으키는 병원균에 대항하는 물질인데, 오늘날 중환자실에서 세상을 떠나는 환자들의 20~50%는 바로 이러한 균 때문에 목숨을 잃고 있다. 목시플록사신은 또 이미 항생제에 대해 상당한 저항력을 갖고 있는 폐렴균에 대해서도 효능을 발휘할 것으로 예상되고 있다.

이 밖에 바이엘은 종양세포가 몸에 퍼지는 것을 막는 작용물질도 개발하고 있다. 이 프로젝트를 진행하고 있는 연구팀은 동물에 대한 초기실험을 끝냈으며, 전체적으로 연구를 상당히 진척시킨 것으로 알려져 있다.

베르텔즈만의 영광과 시련

160여 년 전 독일의 귀터즈로(Gütersloh)라는 자그마한 마을에서 찬송가집을 발간하는 조그만 출판사로 출범한 베르텔즈만(Bertelsmann)은 오늘날 6만 명의 종업원을 거느리고 세계 50개국에서 사업을 전개하고 있는 세계 제2의 미디어 왕국이다(그림 4-3 참조). 베르텔즈만은 서적, 잡지, 텔레비전, 음악, 인터넷 등의 다양한 사업영역을 갖고 있으며, 98년 초에 랜덤 하우스(Random House)를 인수함으로써 세계 최대의 영어서적 출판사가 되었다. 또한 3천만 명의 회원을 확보하고 있는 베르텔즈만의 서적 및 음악클럽은 이 회사의 큰 자산이자 자랑거리이다.

그러나 화려한 과거가 미래의 성공을 보장하라는 법은 없다. 이 회사는 현재 여러 사업에서 적지 않은 어려움을 겪고 있다. 잡지사업부는 그런대로 괜찮지만 음악과 출판은 성장이 더디며, 서적 및 음악클럽도 인터넷사업에 늦게 뛰어드는 바람에 고전을 면치 못하고 있다. 뿐만 아니라 유료TV 사업도 독일 미디어업계의 거물인 레오 키르히(Leo Kirch)의 사업과 합병하려던 계획이 좌절됨으로 인해 큰 타격을 받았다.

이러한 시점에서 최근 약관 45세의 토마스 미델호프(Thomas Middelhoff)가 베르텔즈만의 새 회장으로 취임했다. 그의 가장 큰 임무는 시너지효과를 극대화하는 방향으로 현재의 사업부들을 잘 추스리고, 전망이 밝은 신규사업에 진출함으로써 베르텔즈만을 탄탄한 성장궤도에 올려놓는 것이다. 그러나 그가 이러한 목표를 달성하는 것은 결코 쉽지 않을 것이다. 왜냐하면 분권화를 중시하는 베르텔즈만의 기업문화가 커다란 걸림돌로 작용할 것이기 때문이다.

그 동안 베르텔즈만의 사업부장들은 각자의 사업부를 독립된 회사처럼 운영해 왔으며, 따라서 회사 전체의 수익성보다는 그들의 사업부의 이익에 더 관심을 갖는 경향이 있다. 그러나 미델호프는 기술의 급격한 변화로 말미암아 앞으로는 각 사업부가 더욱 긴밀히 서로 협조해야 할 것으로 본다. 인터넷을 통한 서적판매업에서의 베르텔즈만의 쓰라린 경험은 바로 그러한 상호협조의 필요성을 잘 보여준다고 하겠다.

〈그림 4-3〉 세계의 주요 미디어회사의 외형

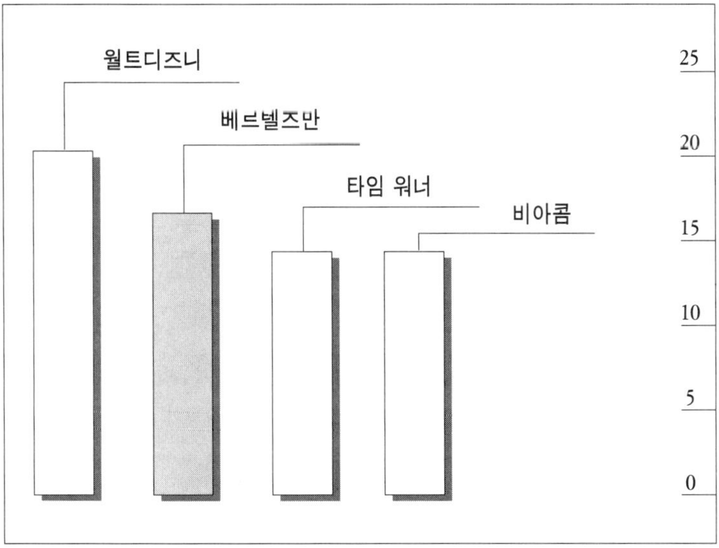

〈단위 : 10억 달러〉

　즉 베르텔즈만은 아마존(Amazon)이 인터넷을 통해 책을 판매함으로써 자사의 서적클럽사업이 위협을 받는데도 불구하고 2년이나 늦게 이 사업에 진출한 바 있다. 그 결과 아마존은 현재 이 분야에서 세계 최고의 시장점유율을 갖고 있으며, 베르텔즈만은 98년 10월에 2억 달러를 주고 반즈 앤 노블(Barnes & Noble)이 갖고 있는 웹사이트 사업의 50%를 사야 했던 것이다. 미델호프는 회사 전체의 자원을 총동원하여 외부의 위협에 대응하는 분위기가 베르텔즈만에 있었더라면 이러한 실수는 하지 않았을 것이라고 믿고 있다.

　미델호프가 극복해야 하는 또 하나의 걸림돌은 베르텔즈만의 독일적인 색채이다. 베르텔즈만의 이사회는 모두 독일인들만으로 이루어져 있으며 고위직의 경영자들도 거의 다 독일 사람들이다. 또 어떤 사람들은 이 회사의 본사가 뉴욕에 있지 않고 아직도 독일의 소도시 귀터즈로에 있기 때문에 세계의 흐름에 둔감하다고 얘기한다. 이러한 지역적·민족적 한계를 극복하고 베르텔즈만을 진정한 의미의 세계적인 미디어회사로 자리매김시키는 것이 미델호프에게 주어진 또 하나의 중요한 과제라고 하겠다.

독일의 소프트웨어회사 SAP의 신화

1972년 IBM의 독일 자회사에서 일하던 네 명의 젊은이들이 회사를 그만두고 새로 SAP라는 소프트웨어 회사를 만든다. 그 후 밤낮없이 열심히 일해 온 이들은 20여 년이 지난 오늘날에는 독일 최초의 소프트웨어 억만장자들이 되었다. 독일인들은 현실에 안주하고 관료적이며, 변화를 두려워한다는 평을 흔히 듣는다. 그러나 이들은 독일에도 모험을 하고 혁신적인 사람들이 있다는 사실을 전세계에 보여주고 있다.

이 회사의 부회장 하쏘 플라트너(Hasso Plattner) 씨는 다음과 같이 말한다.

"우리는 비전이 있었고, 그것에 끈질기게 매달렸다."

70년대에 하인쯔 닉스도르프가 미니컴퓨터로 돌풍을 일으킨 이래 독일에서 기업가정신이 이렇게 큰 성공을 거둔 것은 처음있는 일이다. 닉스도르프가 만든 컴퓨터회사는 현재 지멘스-닉스도르프(Siemens-Nixdorf)의 컴퓨터부문 자회사이다.

기업용 회계 · 재무패키지를 생산, 판매하는 SAP는 이른바 클라이언트-서버 애플리케이션(client-server applications)시장에서 로터스(Lotus), 오라클(Oracle) 등의 경쟁사들을 압도하고 있다.

보수적인 분위기가 만연한 독일에서 SAP는 아주 특이한 존재이다. 독일인들은 불과 43%만이 기술 덕분에 그들의 생활이 좋아졌다고 생각하는 반면, 일본에서는 그 숫자가 74%이다. 또 일본이나 미국에 비해 독일에서는 전화자동응답기, VTR, 가정용 컴퓨터 등의 보급률이 매우 낮다. 그리고 창업가들을 밀어주는 투자자들 역시 독일에는 많지가 않다.

하지만 SAP 같은 소프트웨어회사는 아이디어만 있으면 일단 시작할 수 있기 때문에 자금조달이 창업의 걸림돌이 되지 않았던 것이다. 그러나 무엇보다도 SAP의 성공을 잘 설명해주는 것은 창업자들의 기업가정신이다. 이 회사는 비록 하이델베르크 교외에 위치하고 있지만, 근무풍토는 매우 캘리포니아식이다. 즉 딱딱한 분위기의 독일회사들과는 달리, SAP에서는 종업원들이 샌들을 신고 다닐 수 있을 정도이며 근무시간도 스스로 정할 수가 있다.

플라트너 부회장은 캘리포니아에 집, 포르쉐, 그리고 요트가 있으며 그 곳에서 자기 시간의 1/3을 보낸다. 그는 오래 전부터 낡은 관습을 깨기 좋아하는 사람이었다. 언젠가 거대한 전자회사 지멘스와 입사면담을 한 바 있는 그는 그 면담에 대해 이렇게 회고한다.

"나는 면담을 하면서 지멘스에서는 도저히 일할 수 없다는 것을 직감했다. 그 회사는 마치 우체국 같다."

지멘스를 포기하고 IBM에 들어간 그는 회사가 그의 아이디어를 밀어주지 않자 세 명의 동료들과 함께 회사를 나와 SAP를 차린 것이다. 그 아이디어란 기업에 회계 및 재무관리에 쓸 수 있는 표준화된 컴퓨터프로그램을 제공하는 것이었다. SAP는 최근에 R/3이라는 신제품을 내놓아 엄청난 성공을 거두었으며, 미국에서 선 마이크로 시스템(Sun

<그림 4-4〉 SAP의 매출 추이

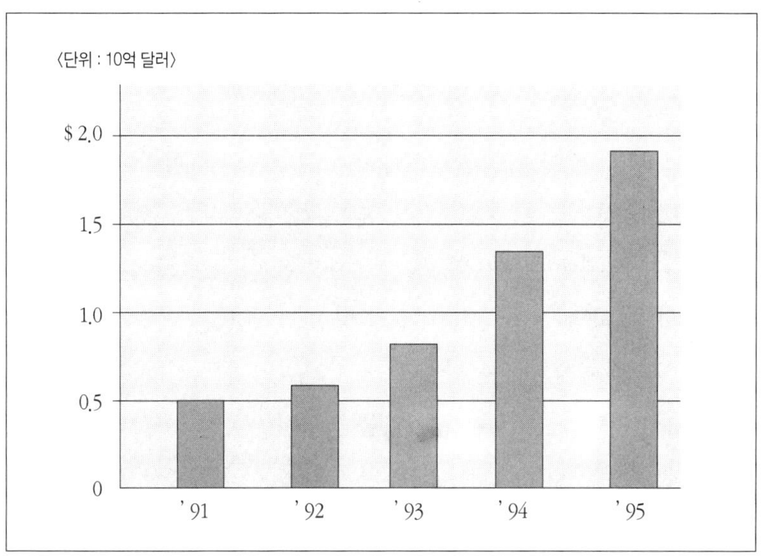

Microsystem) 같은 하드웨어 제조회사와 제휴하여 고객들이 한 번의 기래로 문제를 한꺼번에 해결할 수 있도록 하고 있다.

그들의 이러한 실적이 외형 및 이익의 꾸준한 성장으로 나타난 것은 두말할 나위도 없다(그림 4-4 참조).

독일 경영학의 자존심, 사이몬·쿠허 앤 파트너즈

1985년, 당시 독일 빌레펠트대학의 마케팅교수로 있던 헤르만 지몬 교수는 그의 지도로 박사학위를 받은 제자 두 사람과 함께 UNIC라는 컨설팅회사를 본에 설립한다. 독일의 대학은 아직도 상아탑의 전통이 매우 강하고, 따라서 상당히 보수적이다. 그러한 분위기에서 현직 경영학교수가 컨설팅회사를 만들고, 또 그 경영에 직접 관여하는 것은 독일에서는 아마 처음 있는 일이었을 것이다.

UNIC는 가격전략과 마케팅분야의 독특한 핵심역량을 갖고 출범하였으며, 각종 컨설팅 프로젝트에서 얻은 경험과 자료를 바탕으로 끊임없이 연구논문을 생산하고, 그 연구결과를 다시 컨설팅에 활용하는 등 전형적인 학습조직(learning organization)으로 운영되어 왔다. 특히 최고로 정교한 방법론을 상황에 맞게 활용하고, 그 결과를 바탕으로 고객이 성공적으로 경영전략을 세우고 제품값을 매기며 그것을 효과적으로 마케팅할 수 있게 한다는, 이 회사의 고객지향정신과 과학적 접근방법은 독일기업들에게 무척 신선한 충격을 주었다.

그 결과 이 회사는 BMW, 바이엘, 지멘스, 메르세데스-벤츠, 폴크스바겐, 루프트한자 등의 기라성 같은 고객을 확보할 수 있었고, 창립 이후 매년 급성장하고 있다(그림 4-5 참조). 지몬 교수는 1995년 당시 재직중이던 마인쯔대학의 석좌교수직을 과감하게 사임하고 이 회사의 회장으로 취임하였으며, 회사 이름도 사이몬·쿠허 앤 파트너즈(SKP)로 바꾼다. SKP는 그 동안 유럽에서 꾸준히 쌓아올린 노하우를 기반으로 드디어

<그림 4-5> SKP의 종업원 수

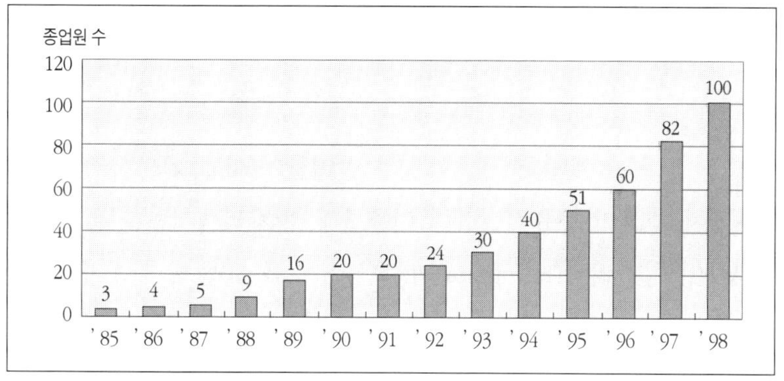

1996년에 컨설팅의 본고장이라고 할 수 있는 미국시장에 진입한다. 즉, 이 해 9월, 미국 매사추세츠 주 케임브리지에 미국사무소를 연 것이다.

이때 독일의 언론들은 이 사실을 크게 보도한 바 있다. 전세계의 컨설팅업계를 미국회사들이 주름잡고 있는 판에, 독일에서 출발한 컨설팅회사가 미국에 진출하는 것이 그들에게는 무척이나 자랑스러웠던 것이다. 경쟁이 매우 치열한 미국시장에서 SKP는 98년에, 벌써 더 큰 사무실로 옮겨가고 또 이익을 낼 정도로 빠르게 자리를 잡아가고 있다. 이것은 이 회사가 가격정책분야에서 강력한 경쟁우위를 갖고 있을 뿐만 아니라 특히 제약산업을 잘 이해하기 때문에 화이자(Pfizer) 등의 우량고객을 일찍 확보할 수 있었기 때문이다.

이제 100여 명의 직원과 240억의 매출을 자랑하는 유럽 굴지의 컨설팅회사로 성장한 SKP는 곧 뮌헨과 파리에 지사를 개설할 예정이며 2001년에는 일본 도쿄에 사무소를 열 준비를 하고 있다. 철저한 고객지향정신과 과학적 분석기법으로 무장하고 끊임없이 핵심역량을 강화해 온 것이 이 회사의 성공비결이라 하겠다.

알리안쯔의 동유럽 보험시장 진출

세계 제3위의 보험회사인 독일의 알리안쯔(Allianz)는 공산체제가 무너지자 재빨리 동유럽시장에 진출한다. 헝가리에서는 기존 국영보험회사인 헝가리아(Hungaria)의 주식 49%를 90년에 인수하였으며, 93년에는 체코와 슬로바키아에 현지법인을 새로 설립한다.

헝가리아는 잘 알려진 상표와 높은 시장점유율, 그리고 체계적인 영업조직을 갖고 있는 좋은 회사였다. 그러나 자본주의 경영방식을 모르는 이 회사의 경영자들이 원시적인 방법으로 위험관리를 하는 바람에 헝가리아는 94년까지 적자를 면치 못하였다. 그러나 알리안쯔는 96년이 되어서야 헝가리아의 주식을 모두 인수하고, 그 해 2월 미할리 파타이(Mihaly Patai)라는 젊은 사장을 임명한다.

파타이 사장은 큰 적자를 내고 있는 자동차보험부문의 손실을 줄이기 위해 신규가입자의 보험료를 평균 42% 올렸으며, 매우 정교한 위험관리시스템을 도입하였다. 동시에 그는 생명보험부문의 영업사원들을 독려한다. 그 결과 96년도 헝가리아의 생명보험부문의 보험료 수입은 95년에 비해 배가 늘어난 850만 달러에 달했으며, 그 해 4월에 시작한 연금사업도 큰 성공을 거둔다.

파타이 사장은 또, 영업사원의 비율을 전직원의 1/3에서 50%로 올렸으며, 과감한 성과급제도를 도입한다. 이로 말미암아 영업사원들이 한층 더 적극적으로 고객을 찾아나서기 시작한 것은 말할 나위도 없다. 게다가 이제는 헝가리아가 모회사인 알리안쯔의 경영노하우를 적극적으로 받아들이고 있어 앞으로의 회사전망은 밝은 편이다. 돌이켜 생각하면, 알리안쯔는 좀더 일찍 경영진을 개편했어야만 했던 것으로 보인다.

알리안쯔는 헝가리에서와는 달리 체코와 슬로바키아에서는 소규모로 사업을 시작한다. 또한 다른 나라에서와는 달리 처음부터 생명보험시장과 손해보험시장을 동시에 공략한다는 매우 대담한 전략을 채택한다. 이 전략을 성공적으로 실행하기 위하여 알리안쯔는 다음과 같은 조치를 취한다.

- 800명의 우수한 영업사원을 신규채용했다. 이들의 대부분은 서구식 성과급을 받는 독립대리점들이다.
- 늘어나는 보험 관련 사기를 없애기 위하여 전직경찰관을 몇 명 채용하고, 믿을 만한 카센터 및 의사들과 협조계약을 맺었다.

알리안쯔의 자회사들은 조직이 편편하기 때문에 예기치 못한 사태에 빨리 대응할 수 있다. 또한 이 회사는 고객만족에 특히 신경을 쓴다. 예컨대 97년 여름, 체코에 큰 홍수가 나자 알리안쯔는 홍수로 말미암은 피해는 보상의무가 없는데도 불구하고 개인 및 중소기업 고객들의 보험금 청구를 받아들이겠다고 발표한다.

그로 인해 알리안쯔는 약 3천만 마르크를 지불했지만 덕분에 회사의 명성은 엄청나게 올라갔다. 알리안쯔는 이 두 나라에서 95년에 벌써 손익분기점에 도달하였으며 96년에는 이익을 냈다. 비록 체코에서의 시장점유율은 아직 매우 낮지만(생명보험시장의 3%, 손해보험시장의 4 3%), 알리안쯔는 밝은 미래를 확신하고 있다.

독일의 숨은 세계챔피언들 : 초우량 중소기업군단

우리나라를 비롯한 세계의 많은 나라가 일본과의 무역적자로 허덕이고 있다. 그래서 우리는 일본이 세계에서 수출을 가장 많이 하는 나라로 생각하기 쉽다. 그러나 사실은 그 동안 세계의 최대수출국은 미국 또는 독일이었으며, 1인당 수출액은 독일이 항상 으뜸이었다. 그런데 이러한 사실을 잘 아는 사람들조차도 독일의 수출은 다이믈러-벤츠, 지멘스, 보슈, 바이엘 등의 대기업이 주도하는 것으로 알고 있다. 물론 이러한 대기업들이 수출의 상당한 몫을 담당하고 있는 것은 사실이다. 그러나 국제경쟁력의 중요한 척도인 세계시장점유율이라는 면에서 보면, 독일수출의 진정한 주역은 우리가 거의 들어보지 못한 회사들이라는 사실을 알게 된다.

당신은 혹시 크로네스, 바이니히, 하우니, 힘멘, 베바스토 등의 회사를 아는가? 아마 잘 모를 것이다. 해외에서는 말할 것도 없고 독일에서도 이 회사들은 거의 알려져 있지 않기 때문이다. 그러나 이런 회사들은 모두 자기분야에서 세계최고일 뿐만 아니라 대부분 세계시장점유율이 60~80%이고 바로 밑의 경쟁사보다 4~5배나 강하다. 이들은 그야말로 '숨은 세계챔피언' 이며, 수출대국 독일의 진정한 공로자이다.

독일에는 현재 이러한 초우량 중소기업이 약 300개 정도 있는 것으로 추정되고 있다. 중소기업의 꽃이라고도 부를 만한 이러한 회사들은 미국 등의 다른 나라에서는 거의 찾아볼 수 없는 독일 특유의 자산이다. 다음의 회사들을 보자.

■ 하우니(Hauni)

담배제조기 분야의 세계 제1위 회사로서, 고속 담배제조기시장의 90%를 차지하고 있다. 세계의 모든 필터 달린 담배는 하우니가 개발한 기술로 만들어진다.

■ 테트라(Tetra)

열대어를 기르는 사람이면 누구나 테트라민(Tetramin)을 알 것이다. 세계 열대어 먹이시장에서의 테트라의 시장점유율은 50%에 이른다.

■ 바더(Baader)

생선처리장비(fish-processing equipment) 분야의 세계챔피언이다. 세계시장점유율은 90%이며, 러시아의 블라디보스톡에서도 이 회사의 제품을 쉽게 살 수 있다.

■ 베바스토(Webasto)

자동차의 선루프(sunroof) 및 보조난방시스넴 시장에서 다른 회사들을 압도하고 있다.

■ 힐레브란트(Hillebrand)

세계에서 가장 큰 와인탁송회사(wine shipper)이다. 세계시장의 60%를 점유하고 있으며, 세계 60개국에 사무소를 두고 있다.

그러면 이런 회사들은 어떠한 전략으로 현재의 지도적인 위치를 차지하게 되었는가? 먼저 이들의 면모를 살펴보자. 전형적인 '숨은 세계

챔피언'은 총매출액의 약 1/3이 수출이며, 80년대 후반에는 매년 매출액이 16.1%, 종업원 수가 9.2%씩 늘었다. 90년대에 들어서면서 전반적인 불경기가 닥쳤음에도 불구하고 이들은 큰 어려움 없이 불황을 잘 극복해내고 있다.

이들이 취급하는 제품은 참으로 다양하다. 기계, 단추, 씨앗, 박람회용 텐트, 금붕어 먹이, 책의 장정에 쓰는 재료, 배의 선실 등등 별 희한한 품목들을 전세계에 내다 팔고 있다. 이들은 대부분 아주 세분된 시장에서 활동하고 있으며, 그러한 시장들은 대체로 그 크기나 각 경쟁사의 시장점유율이 정확히 알려져 있지 않다. 이와 관련하여 어느 사장이 다음과 같이 의미심장한 말을 한 바 있다.

"어떤 회사가 자기의 시장점유율을 모른다면 그 회사는 일본회사를 두려워할 필요가 없다."

잘 알려져 있다시피 일본회사는, 정확히 정의된 대규모 시장에서 대중을 상대로 제품을 대량으로 공급하는 전략을 주로 구사해서 성공을 거두었다. 그러나 일본사람들은 잘 정의되어 있지 않은 소규모의 시장에서 전세계에 흩어져 있는 까다로운 고객들을 상대로 하는 사업에서는 크게 두각을 나타내지 못하고 있다. 따라서 위의 말은 그러한 시장에서 주로 활약하는 '숨은 세계챔피언'들은 일본기업을 무서워하지 않는다는 뜻이다.

그러면 이제 이러한 회사들이 추구하고 있는 전략의 공통점을 알아보자. 그것을 간추리면 대체로 다음과 같다.

(1) 가장 먼저 눈에 띄는 점은 명확한 '집중전략' 이다. "우리는 ××분야의 전문가이다.", "우리는 작은 시장의 거인이 되려고 한다.", "우리는 다른 업종을 넘보지 않는다." 등등의 말을 이들은 하고 있다고 한다. 즉 이들은 자기 회사의 핵심적인 강점에 집중하며 또한 그것을 지속적으로 개선하고 있다. 그 결과 그러한 핵심적인 강점은 이 회사들의 믿음직스런 전략적 경쟁우위가 되고 있다. 이러한 전문화 및 집중화가 이들의 성공비결의 하나인 것으로 보인다.

(2) '숨은 챔피언' 들은 철저하게 고객들의 요구에 맞게 일하는 것이 몸에 배어 있다. 그로 인하여 이들은 제품의 품질, 서비스, 고객지향 정신 등의 면에서 경쟁사들을 압도하고 있다.

(3) 이 회사들이 가진 또 하나의 두드러진 특징은 시장과 기술에 비슷한 비중을 둔다는 것이다. 즉 지나치게 시장에만 치우치지 않으며 동시에 기술의 힘만을 맹신하지도 않는다. 따라서 대기업에서 흔히 볼 수 있는 기술편향 또는 시장편향의 흠이 없다. 다시 말해 이들은 '시장' 과 '기술' 이 똑같이 성장의 중요한 원동력이라고 굳게 믿고 있는 것이다. 그래서 예컨대 신제품을 개발할 때에는 마케팅부문과 연구개발·제조 부문이 서로 비슷한 정도의 영향력을 갖는다고 한다. 즉 이들은 '기술중시회사' 인 동시에 '시장중시회사' 인 것이다.

(4) 기술과 시장에 대한 이러한 균형감각은 전문화된 제품 및 기술정보(노하우)를 전세계에서 판매하는 형태로 나타나고 있다. 이들에게 있어서 고객지향이란 판매·서비스망 또는 현지생산을 통해서 고객

들에게 가까이 다가가는 것을 의미한다. 이 회사들은 평균 10개의 해외 자회사를 갖고 있는데, 이것은 중소기업치고는 매우 많은 것이다. 또한 이들은 그 뚫고 들어가기 어려운 일본시장에도 상당히 많이 진출하여 큰 성공을 거두고 있다고 한다. 따라서 우리는 이들을 '세계적인 작은 거인들' 이라고 부를 수 있지 않을까?

(5) '숨은 챔피언' 들은 마케팅전문가는 아니다. 그러나 이들의 고객지향정신은 대기업보다 훨씬 더 강하다. 예를 들어 고객과 직접 접촉하고 따라서 고객의 욕구와 필요를 더 깊이 아는 이들 회사직원들의 비율은 대기업보다 훨씬 높다. 반면에 이들은 마케팅 전문지식이 부족하고, 마케팅부서나 시장조사부서를 갖고 있지 않은 경우가 태반이다. 마케팅전문가가 아닌 고객전문가라고나 할까. 필자의 경험에 따르면 참다운 고객지향정신은 대기업보다는 중소기업에서 더 잘 뿌리내리는 것 같다. 이런 뜻에서도 현재의 우리나라의 대기업들은 더욱 과감하게 분권화를 해야 할 필요성이 있다.

(6) 전략적 제휴가 하나의 유행처럼 되어버린 이 시대에, 이 회사들은 스스로의 힘과 능력에만 의존하려는 경향이 강하다. 그래서 생산·연구개발 분야에서는 물론이고 해외시장에 들어갈 때에도 되도록 남의 힘을 빌리지 않으려고 한다. 이들이 이러한 태도를 취하는 것은 품질관리를 철저히 하고 회사의 기술정보를 보호하기 위함이다. 그러나 이러한 정책은 원가 측면에서 회사에게 불리한 결과를 낳을 수 있으므로 앞으로는 면밀히 재검토되어야 할 것으로 보인다.

(7) 지금까지 우리는 '숨은 챔피언들'의 전략적인 특징을 살펴보았다. 그런데 겉으로 나타나는 이들의 이러한 강점을 뒷받침하고 있는 것은 뭐니뭐니 해도 역시 사람이다. 즉 종업원들은 회사에 대한 뜨거운 애정과 충성심을 갖고 있으며, 경영자는 비전과 카리스마적 권위를 갖고 있다. 회사 내부의 갈등은 대기업보다 훨씬 적고 임직원들은 튼튼한 유대관계를 유지하고 있다. 이들의 이러한 독특한 기업문화는 빼놓을 수 없는 중요한 성공요인이다. 그런데 장기적으로 볼 때 숨은 챔피언들이 안고 있는 가장 큰 문제도 역시 사람이다. 왜냐하면 이들은 급성장하면서 사람을 많이 필요로 하게 되는데, 안에서는 경영진을 키울 여유가 없고 밖에서 오는 사람은 회사에 들어와서 그 독특한 기업문화에 적응하기가 힘들기 때문이다.

숨은 챔피언들이 세계시장을 석권하고 있다는 것은 곧 그들이 일을 제대로 하고 있다는 증거라고 보아도 좋을 것이다. 따라서 그들에게서 무언가를 배운다는 것은 창피한 일이 아니라 오히려 좋은 기회인 셈이다.

그러면 이들이 우리에게 주는 교훈은 무엇인가? 물론 우리는 여러 가지 여건이 독일과 다르다. 그러므로 이들의 전략을 아무 생각없이 그대로 모방하면 안 된다. 그럼에도 불구하고 우리의 기업들은 아래의 내용을 염두에 두고 경영에 참조하는 것이 좋을 듯하다.

- 숨은 챔피언들은 힘을 분산하지 않고 집중한다.
- 고객들의 뜻에 맞춰 일을 함으로써 품질 · 서비스 · 고객지향정신 등의 면에서 경쟁우위를 확보한다.

- 기술과 시장을 똑같이 비중있게 다룸으로써 내적인 기술잠재력이 고객의 취향에 맞는 제품으로 연결된다.
- 이들은 세계 각국에 흩어져 있는 고객과 늘 가까이 있으려고 하며, 따라서 전세계에서 장사를 한다.
- 숨은 챔피언들은 마케팅전문가는 아니지만 고객전문가이며, 따라서 고객들과 더 가깝고 그들을 더 잘 안다.
- 이들은 자신들의 힘과 지식을 믿으며 남의 힘을 빌리거나 다른 회사와 협조하는 것을 꺼린다.
- 이들은 매우 독특한 기업문화와 강한 (최고)경영자를 갖고 있으며, 종업원들은 회사에 대한 충성심이 남달리 강하다. 반면에 경영진 육성문제가 장기적으로 성장의 제약요인이 되고 있다.

지금까지 보았다시피 숨은 챔피언들의 경영방식은 현대의 경영학, 특히 미국의 경영학이 가르치는 것과는 상당히 다르다. 그들은 그들 나름대로의 길을 가고 있으며 품질·서비스·혁신 등의 근본원칙을 다른 회사들보다 더 철저히 실행하고 있다. 근본원칙의 철저한 실행, 좋은 경영이란 바로 이것이 아닐까?

제 5 부

사례로 배우는 국제마케팅

집중테마

국제마케팅의 기본원리

우리가 살고 있는 이 시대는 국경을 넘어선 무한경쟁의 시대라고 해도 지나친 말이 아니다. 따라서 이렇게 국제화된 시대에서는 대기업이건 중소기업이건 간에 늘 해외시장에 큰 관심을 갖고 있어야 한다. 더구나 우리나라처럼 국내시장이 좁고 경제의 해외의존도가 높은 나라에서는 그렇지 않은 나라들보다 국제마케팅의 중요성이 상대적으로 더 크다고 할 수 있다.

그런데 많은 면에서 국제마케팅은 국내마케팅과 크게 다르지 않다. 사실 마케팅목표를 세우고, 표적시장을 고르고, 표적시장에 맞는 마케팅전략을 개발하고, 마케팅활동의 성과가 마케팅목표와 차이가 나지 않도록 통제하는 등의 기본적인 마케팅원리는 국내마케팅에서나 국제마케팅에서나 똑같다. 단지 둘 사이의 가장 큰 차이는 말할 것도 없이 국제마케팅의 경우 표적시장이 나라 밖에 있다는 점이다.

그런데 해외시장은 국내시장과 여러 가지 면에서 크게 다를 수가 있다. 따라서 마케팅의 기본원리를 해외시장에 어떻게 적용하느냐가 국제마케팅의 주된 관심사라고 할 수 있다. 〈그림 5-1〉은 해외에서 마케팅활동을 하려는 기업이 결정해야 할 여섯 가지 주요 사항을 보여주고 있다.

우리는 이 장에서 국제마케팅의 가장 핵심적인 내용을 논의하고, 아울러 몇 개의 실제사례를 통해 그것들이 주는 시사점 및 교훈을 알아보고자 한다.

<그림 5-1> 국제마케팅에서의 주요 결정사항

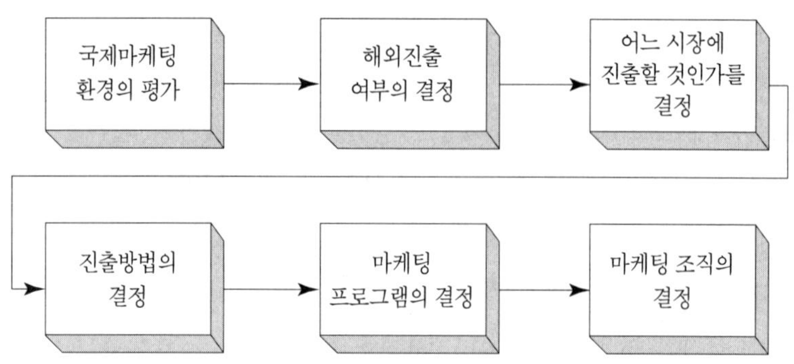

자료원: Philip Kotler, *Marketing Management*, 9th ed., Prentice-Hall, 1997, P. 403.

1

국제마케팅 환경의 평가

기업은 해외에 진출할 것인가의 여부를 결정하기 전에 먼저 해외에 나가면 부딪히게 될 마케팅환경에 대해 잘 알고 있어야 한다. 세계의 인구는 이제 60억에 육박하고 있으며, 200개가 넘는 독립국가들이 이들을 다스리고 있다. 이들 나라의 경제·정치·법률·문화 환경 사이에는 비슷한 점도 있지만 다른 점도 많이 있으므로, 기업은 진출을 고려하고 있는 나라들의 환경을 철저히 연구해야 한다.

특히 각 나라에는 그 나라의 고유한 가치관·관습·금기사항이 있다. 외국에서의 마케팅활동이 효과가 있으려면, 회사는 모든 것을 자기 나라의 기준에서 생각하는 버릇을 버리고 그 나라의 문화와 사업관행을 이해하고 존중하려는 노력을 성실히 해야 한다. 특히 문화와 관련된 소비자행동의 차이는 주의를 요한다. 아래에 열거한 예들은 모두 문화적 차이가 소비자행동과 기업의 마케팅활동에 얼마나 큰 영향을 끼칠 수 있는가를 보여주고 있다.

- 미국의 맥스웰 하우스(Maxwell House)는 독일에서 맥스웰 하우스가 위대한 미국의 커피라고 광고했으나 결과는 실패였다. 그것은 독일사람들이 미국산 커피를 그다지 높게 평가하지 않기 때

문이었다.

- 프랑스에서 맥도날드(McDonald's)는 성공할 수 없었다. 왜냐하면 천천히 즐기면서 식사를 하는 프랑스인들이 시간에 쫓기면서 급히 햄버거를 먹으려고 하지 않았기 때문이다.
- 프랑스 남편은 자기 아내보다 화장품을 거의 배 가까이 더 많이 쓴다.
- 중국에서는 붉은 색이 많이 쓰이지만 아프리카에서는 잘 받아들여지지 않는다.
- 말레이시아에서는 녹색이 병을 의미하며, 우리나라와 중국에서는 흰색이 죽음을 의미한다.
- 이탈리아에서는 남편이 집에 없을 때 판매원이 부인을 방문하면 안 된다.
- 미국에서는 다른 사람에게 보내는 카드에 미리 적당한 문안이 인쇄되어 있다. 예를 들어, 생일카드를 사면 생일을 축하하는 내용이 카드에 적혀 있고 문병용 카드를 사면 카드를 받는 사람이 건강을 빨리 되찾기를 바란다는 내용이 이미 인쇄되어 있다. 그러나 독일사람들은 미리 문안이 인쇄되어 있는 카드를 좋아하지 않는다. 왜냐하면 그들은 자기 스스로 개성을 살려 카드에 글을 써 넣기를 원하기 때문이다.

다음의 IKEA 사례는 현지 소비자들의 행태를 철저히 이해한 후, 그에 맞는 마케팅전략을 썼을 때 비로소 좋은 성과가 나타나기 시작한 전형적인 보기이다.

IKEA의 미국시장 진입전략

스웨덴의 세계적인 가구회사 IKEA는 1973년 스위스에 첫 해외매장을 개설한 이후 서유럽에서 성공에 성공을 거듭해 왔다. 그 비결은 철저하게 원가를 절감하고, 그것을 바탕으로 경쟁제품에 비해 손색이 없는 품질의 제품을 훨씬 더 싸게 판매하는 경영전략에 있었다.

전세계 67개국에 퍼져 있는 2,300개 협력회사와 장기 전속계약을 맺고 있는 IKEA는 이들에게 기술지도를 해주고 장비도 빌려주고 있다. 그러나 그 대가로 IKEA는 그들에게 값을 싸게 해줄 것을 요구하는 것이다. 또 이 회사의 매장은 대체로 규모가 크며, 임대료가 싼 교외에 위치하고 있다. 그리고 1만 가지가 넘는 제품의 대부분은 고객들이 집에 가져가서 조립해야 하는 조립식 가구이다.

이렇게 IKEA는 매장을 크게 하고, 또 같은 제품을 여러 나라에서 판매하는 등의 방법으로 엄청난 '규모의 경제'를 달성하고 있다고 한다.

1985년 IKEA는 필라델피아 교외에 첫 매장을 개설함으로써 마침내 대망의 미국시장에 진출한다. 그 후 IKEA는 미국 각지에 꾸준히 지점을 개설해 나갔지만, 89년이 되어도 여전히 적자를 면치 못하고 있었다. 고객들은 그들이 찾는 제품이 매장에 없기 일쑤고 기다리는 줄이 길다고 불평하였다. 게다가 스칸디나비아 디자인을 흉내낸 경쟁사가 나타나기 시작했다. 그러나 무엇보다도 큰 문제는, 달러값이 계속 떨어진 탓에 스웨덴에서 수출하는 IKEA제품의 가격경쟁력이 약해졌다는 것이다.

하지만 IKEA는 이러한 시련을 잘 견디고 마침내 93년부터 이익을 내기 시작한다. 91년 12월에는 로스앤젤레스에 네 개의 매장을 갖고 있던 경쟁사 스토르(Stor)를 인수하고, 94년 10월에는 시애틀에 열세 번째의 매장을 연다.

그러면 IKEA는 어떻게 이와 같은 성과를 올릴 수 있었는가? 그것은 IKEA가 지금까지 다른 나라에서 해왔던 것과는 달리 과감하게 현지화정책을 폈기 때문이었다. 즉 IKEA는 미국인들의 생활양식과 소비행태를 자세히 검토한 후, 미국에서 판매하는 제품 종류의 약 1/5을 그들에게 맞도록 다시 디자인한 것이다.

또한 미국에서 파는 가구의 약 45%를 현지에서 생산하여 공급함으로써 원가를 줄인 다음, 그 힘으로 값을 내렸다. 그리고 미국인들이 줄을 서는 것을 싫어하는 것에 주목하여 더 성능이 우수한 금전등록기를 설치하였으며, 점포의 내부설계를 바꿨다. 또한 IKEA는 미국에서 상당히 관대한 반품정책을 시행하고 있으며, 고객이 원하면 다음날 바로 물건을 배달해주고 있다.

이렇게 하여 IKEA는 미국시장에서 어느 정도 자리를 잡았지만, 그곳에서의 경험으로 이 회사는 다음과 같은 매우 중요한 질문을 스스로 던져보게 되었다.

- IKEA가 그렇게 중시하는 스웨덴회사로서의 정체성(identity)을 잃지 않으면서 마케팅전략을 현지사정에 맞출 수 있을까?
- 제품을 현지사정에 맞게 바꾸면서도 낮은 원가를 유지할 수 있을까?
- 세계 여러 나라에 진출하는 과정에서 중요한 성공요인의 하나인

IKEA의 독특하고 친밀한 기업문화를 잃지 않을까?

한마디로 말해 IKEA는 본래의 성공요인을 어느 정도 유지하면서 동시에 현지화전략을 추구해야 하는 커다란 과제를 안고 있는 것이다.

2

진출방법의 결정

해외에서 마케팅을 하려는 회사가 국제마케팅 환경을 어느 정도 이해하고 평가했다면, 그 다음에는 자사의 국제마케팅 활동의 기본적인 정책방향을 정하고, 이어서 구체적으로 어느 나라로 나갈 것인가를 정해야 한다. 진출할 나라를 정할 때는 각국 시장의 시장성 및 위험성 그리고 각 시장에서의 자사의 경쟁우위를 면밀히 비교, 검토해야 한다.

이렇게 해서 어느 나라에 들어갈 것인가를 정했으면, 회사는 이제 어떻게 그 나라에 진출할 것인가를 결정해야 한다. 해외에 진출하는 방법에는 간접수출 · 직접수출 · 라이센싱 · 합작투자 · 직접투자 등이 있다(그림 5-2 참조).

한편 세계의 많은 회사들은 치열한 국제경쟁에서 살아남기 위하여 기술 · 정보 · 마케팅 · 생산 등의 여러 면에서 외국회사들과 전략적 제휴를 하기도 한다.

〈그림 5-2〉에 있는 방법 가운데 합작투자(joint venture)란 회사가 다른 나라의 투자가와 공동으로 투자하여 그 나라에 현지법인을 세우는 것을 말한다. 이 경우, 새 회사의 경영권과 소유권은 양측이 나눠 갖게 된다.

회사가 합작투자를 하는 것은 주로 경제적인 이유 또는 정치적인

<그림 5-2> 기업이 해외시장에 진출하는 다섯 가지 방법

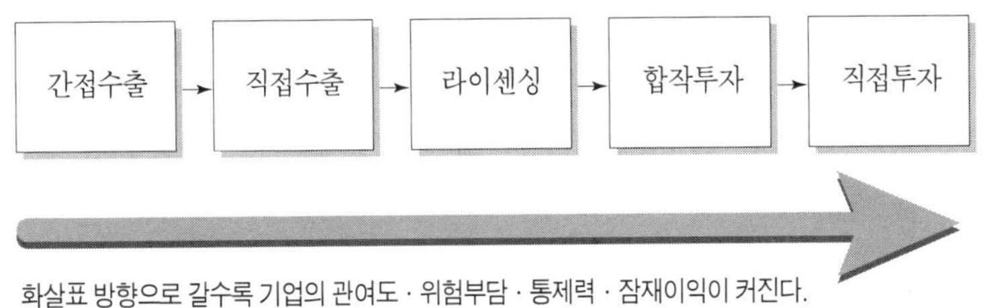

이유 때문이다. 해외에서 단독으로 현지회사를 설립하여 운영하기에는 회사의 재정적 · 인적 · 물적 자원이 부족할 수가 있다. 또 설사 그럴 만한 자원이 있다고 하더라도 해외에서의 위험을 회사 혼자서 부담하기가 어려울지도 모른다. 어떤 때는 진출하려는 나라의 정부가 자국회사와의 합작투자 조건으로만 외국회사가 자기 나라에 들어오는 것을 허락하는 경우도 있다. 예를 들어, 브라질 정부는 브라질에 석유화학공장을 세우려는 외국회사는 반드시 브라질회사와 합작투자를 해야 한다고 규정해놓고 있다.

합작투자의 가장 큰 단점은 현지파트너와 마음이 안 맞을 수 있다는 것이다. 따라서 합작투자를 하려는 회사는 아주 신중하게 현지파트너를 골라야 하고, 일단 파트너가 정해지면 그 파트너와 좋은 관계를 유지하기 위해 최선을 다해야 한다. 합작투자의 또 하나의 단점은 회사가 전세계를 무대로 세계전략을 추구하는 데 있어서 합작회사가 방해가 될 수 있다는 점이다. 왜냐하면 합작회사를 할 경우, 회사가 자기의 뜻에 맞게 그 조직을 완전히 통제할 수 없기 때문이다.

여기서는 똑같이 중국에 합작투자를 한 두 회사와 러시아에 진출하기 위해 핀란드에 직접투자를 한 에이서(Acer)의 이야기를 다루기로 한다.

　페더스와 마쓰시타의 합작투자 사례에서 볼 수 있듯이 합작파트너와의 관계는 경영성과에 큰 영향을 미친다. 또 에이서 사례는 현지의 경쟁사를 얕잡아보면 안 된다는 것과 조직의 유연한 대응능력의 중요성을 일깨워준다.

페더스의 중국 에어컨시장 진출 이야기

미국 뉴저지 주의 리버티 코너(Liberty Corner)에 본사가 있는 페더스(Fedders) 사는 2,000명의 종업원을 거느리고 있는 미국 최대의 실내용 에어컨 제조회사이다. 자동차와 비행기에 들어가는 냉각장치(radiator) 제조로 사업을 시작한 이 회사는 이 분야에서 익힌 기술을 바탕으로 에어컨시장에 진출하여 성공했던 것이다.

그런데 페더스는 국내시장에서 몇 가지 근본적인 한계점에 부딪히고 있었다. 첫째, 이 회사는 에어컨을 만드는 것 외에 다른 사업을 하고 있지 않다. 그런데 에어컨사업은 그 성격상 계절성이 매우 강하다. 즉 봄, 여름에는 수요가 넘치지만 가을과 겨울에는 고정비를 해결하기도 힘들 만큼 판매가 떨어진다.

둘째, 미국의 에어컨시장은 이미 성숙기에 있다. 따라서 성장률이 그다지 높지 않고, 시장점유율을 높이려면 경쟁사의 몫을 빼앗아야만 한다. 그러나 에어컨시장의 경쟁사는 미국의 월풀(Whirlpool)이나 일본의 마쓰시타 같은 막강한 회사들이다. 이들과 정면으로 맞서 싸우는 것은 사실 매우 위험한 일일 수 있다. 이러한 사정 때문에 페더스는 90년대 초 본격적으로 해외시장에 나가기로 결정한다.

그러면 어느 곳에 진출할 것인가? 아시아는 여름에 무척 덥고, 중산층이 점차 두터워지고 있는 지역이기 때문에 대체로 전망이 밝다. 그 중에서도 중국시장의 잠재력은 아주 큰 것으로 보였다. 중국에서는 90년에 50만 개의 실내용 에어컨이 팔렸는데 5년 후인 95년에는 판매량이 4백만 개를 넘었다고 한다. 따라서 시장규모는 이미 미국에 버금가는데다가 여전히 지속적인 성장세를 보이고 있다. 어떤 추정치에 따르면 베이징이나 상하이 같은 대도시에서는 가정의 에어컨 보급률이 12%에 지나지 않는다고 한다. 한마디로 말해 중국에는 엄청난 규모의 에어컨시장이 형성되고 있는 것이다. 그래서 페더스는 다른 많은 회사들과 마찬가지로 중국에 들어가기로 방침을 정한다.

그러나 중국에서 성공하는 것은 결코 쉬운 일이 아니다. 외국기업이 빠지기 쉬운 각종 함정이 여기저기에 도사리고 있기 때문이다. 그래서 페더스가 선택한 전략 중의 하나는 중국인들을 적극적으로 활용하는 것이었다. 그래서 페더스는 먼저 북경어(만다린)를 할 줄 아는 사람들을 약 20명 채용한다. 이들 중의 상당수는 중국에서 태어나고 또 그곳에서 교육을 받은 미국시민들이었다. 페더스는 모든 기능부서에 이들을 한 명 이상 배치할 계획을 세웠다.

페더스는 또한 약 120개의 현지 에어컨제조회사를 면밀히 검토한 끝에 해안도시 닝보(Ningbo)에 있는 Ningbo General Air Conditioner Factory(NGAF)를 파트너로 선정한다. NGAF는 시설이 좋고 종업원이 그다지 많지 않았으며(약 500명), 재무구조도 괜찮았다. 또한 이미 중국의 주요도시에 판매사무소를 개설하였으며 서비스망을 구축해놓았고, 진레(Xinle)라는 웬만큼 알려진 상표도 갖고 있었다. 더군다나 닝보는 항구도시이다. 따라서 중국에서 생산한 제품의 상당량을 수출할 생각을 갖고 있던 페더스로서는 그 위치가 상당히 매력적이었다. 끝으로, 점차 치열해지는 경쟁에 시달리고 있던 NGAF도 역시 파트너를 찾고 있었으며, 페더스를 마음에 들어했다.

이리하여 양쪽은 합작회사를 설립하기로 하고 일단 임시협정을 맺는다. 목표는 3년 내에 연간 50만 개의 에어컨을 생산하고, 그 절반을 수출하는 것이었다. 당시 NGAF의 연간 생산량은 약 4만 개였다. 또 새로 생길 합작회사는 중국 내에서의 판매를 책임지고, 수출은 페더스가 전담하기로 하였다. 이렇게 임시협정을 맺은 다음, 페더스는 여러 차례에 걸쳐 자사의 방문팀을 중국에 보낸다. 각 방문팀은 재무·엔지니어링 등 회사의 여러 부서에서 뽑은 직원들로 구성되었으며, 이 중에는 북경어를 할 줄 아는 직원이 반드시 포함되었다. 또한 중국 경영자들도 미국의 페더스를 방문하였으며, 이렇게 하는 동안에 양쪽은 상대방을 서로 깊이 이해하고 신뢰하게 된다.

중국에서는 에어컨이 상당히 비싼 소비재이며 또한 일종의 지위의 상징(status symbol)이다. 그래서 중국인들은 미국사람들이 비싼 스테레오나 새 자동차를 구입할 때 그러는 것처럼 에어컨을 살 때에도 신경을 많이 쓴다. 그래서 페더스는 처음부터 중국에서 최신형 에어컨을 생산하기로 계획하였으며, 미국에는 없지만 중국인들이 선호하는 새로운 스타일의 중국시장용 제품을 개발하기도 했다.

1995년 7월, 드디어 자본금 2천4백만 달러의 합작회사 페더스 진레(Fedders Xinle)가 탄생하였으며, 11월에는 창립파티가 거창하게 열렸다. 그런데 중국에 합작회사를 설립함으로 말미암아 페더스는 또 다른 방법으로 큰 돈을 벌 수 있는 가능성을 갖게 된다. 즉 NGAF가 기존에 갖고 있던 부품공급회사를 활용할 수 있게 된 것이다. 만약 이들이 페더스가 요구하는 품질기준을 맞출 수만 있다면, 페더스는 이들로부터 양질의 부품을 싸게 수입해서 쓸 수 있을 것이다. 아울러 페더스 진레는 페더스가 아시아의 다른 나라에 진출하는 데 여러 가지로 도움을 줄 수 있을지도 모른다.

페더스 진레는 앞으로 틀림없이 많은 어려움에 부딪힐 것이다. 그러나 어쨌든 이 합작회사의 경영을 통하여 페더스가 얻은 귀중한 경험은 알게 모르게 이 회사의 경영수준을 높이는 데 크게 이바지할 것이다.

중국시장에서의 마쓰시타의 고전

1978년 중국의 등소평이 일본을 방문했을 때 그는 일본 재계의 거물인 마쓰시타 고노쯔께를 만난다. 그 후 몇 년에 걸쳐 세계 최대의 가전회사인 마쓰시타는 150건의 기술이전 프로젝트를 통하여 중국에 많은 기술 및 경영노하우를 전해준다. 마쓰시타가 이로 말미암아 중국에서 사업을 하는 데 필요한 많은 귀중한 경험을 쌓은 것은 말할 것도 없다.

그 후 마쓰시타는 브라운관을 생산하는 BMCC라는 합작회사를 87년에 설립하고, 92년부터 96년에 걸쳐 30개의 회사(이 중 27개가 합작법인)를 중국에 세우는 등 적극적으로 중국에 진출한다. 〈그림 5-3〉에서 보다시피 이 기간 동안 중국에는 일본회사들이 많이 몰려들었다.

최근까지 마쓰시타는 중국에 약 650억 옌을 투자하고 195개의 공장을 세웠으며, 2만 2천 명의 종업원을 고용하고 있다. 마쓰시타의 중국에서의 연간생산 총액은 약 140억 옌으로 추정되고 있는데, 이 중 40%가 수출되고 있다. 그 결과 마쓰시타는 현재 중국 최대의 외국 고용주이며, 또 이 나라에서 가장 수출을 많이 하고 있는 외국회사이기도 하다.

그러나 이러한 모든 화려한 수치에도 불구하고 마쓰시타는 아직 중국에서 기대했던 만큼의 성과를 거두지는 못하고 있다. 예를 들어 광둥에서 에어컨과 컴프레서를 만들고 있는 마쓰시타 완바오(Wanbao)를 보자.

<그림 5-3> 일본의 중국에 대한 직접투자

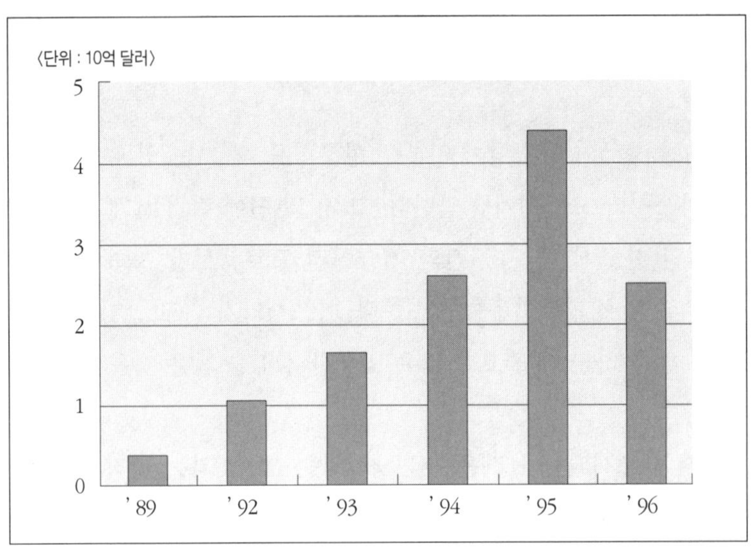

이것은 급성장하고 있는 중국, 특히 남부의 유복한 광둥지방의 에어컨시장을 겨냥해서 설립한 공장이다. 93년에 생산을 시작한 이 공장은 아직도 이익을 못내고 있다. 마쓰시타의 다른 자회사도 대체로 비슷한 사정이다. 그 까닭은 무엇일까?

우선 마쓰시타는 중국시장에 대해 지나치게 낙관적이었다. 비록 컬러TV · 에어컨 등의 전기전자제품에 대한 수요가 빨리 늘어났지만, 국내 및 외국회사로부터의 공급은 더 빨리 늘었기 때문에 제품가격이 크게 떨어졌다. 게다가 93년 중국 정부가 인플레이션을 억제하기 위한 정책을 펴는 바람에 금융비용이 올라갔으며, 94년 위안화의 평가절하로 말미암아 일본에서 들여오는 생산장비값이 배로 뛰었다. 또한 중국 정부는 정책을 자주 그리고 갑작스럽게 바꾸기가 일쑤였으며,

게다가 대체로 외국회사에 불리한 방향으로 정책을 전환해 나갔다. 예컨대 94년 중국 당국은 외국회사에 적용하는 세율을 5%에서 17%로 올렸고, 어떤 지방에서는 면세였던 수출품목에 9%의 수출세를 부과하고 있다.

또한 중국의 합작파트너들 역시 마쓰시타에게 어려움을 안겨주고 있다. 그들은 마쓰시타가 작성한 사업계획을 사업계획으로 보지 않고 사업보증으로 생각하는 경향이 있다. 즉 그들은 회사가 이익을 못 내더라도 배당을 원하는 것이다. 그런데 마쓰시타는 합작파트너들을 중앙 및 지방정부와 원만한 관계를 유지하는 데 필요한 존재 정도로밖에 보지 않기 때문에 웬만하면 그들의 요구를 들어주는 편이다. 그리고 그러한 돈을 미래에 대한 투자라고 생각하며 애써 자위한다. 어쨌거나 이런 갖가지 어려움에도 불구하고, 중국시장의 엄청난 잠재력은 마쓰시타를 중국에 계속 붙들어놓고 있다.

에이서의 러시아시장 진출

세계 제5위의 PC 제조회사인 대만의 에이서 컴퓨터(Acer Computers)는 비록 대만에서 창립되었지만 본사를 싱가포르에 둘 정도로 국제화된 회사이다. 1993년 이 회사는 러시아에 사무소를 설치하고, 대만에서 서유럽을 거쳐 현지인 러시아로 PC를 보내기 시작한다.

첫해 석 달 동안의 판매실적은 200만 달러였는데, 그것이 94년에는 2천2백만 달러, 95년에는 무려 4천2백만 달러로 늘어난다. 이와 함께 세 명으로 시작한 판매사무소의 인원도 서른 명으로 늘어났다. 이러한 판매실적에 고무된 에이서는 1995년, 컴퓨터를 현지에서 조립하기로 결정한다. 현지 조립공장이 있으면 제품을 더 빨리 그리고 더 싸게 공급할 수 있을 것이라는 생각에서였다.

이미 전세계에 30개의 조립공장을 갖고 있고 해마다 평균 네 개의 새 공장을 추가하고 있는 에이서로서는 그것은 어쩌면 당연한 결정이었다. 그러나 러시아에 공장을 세우는 것은 무척 어렵고 위험한 일이었다. 우선 러시아에는 범죄가 많고 관리들은 해외투자가를 '좋은 먹이'로 보는 경향이 있었으며, 세금문제 또한 보통 복잡한 것이 아니었기 때문이다. 반면에 이웃 핀란드는 각종 인프라가 잘 정비되어 있고, 외국투자가를 환영하며 적극적으로 도와주는 분위기였다. 그래서 에이서는 러시아가 아닌 핀란드에 투자하기로 한다.

1995년 10월, 에이서는 윌슨 핀란드(Wilson Finland)라는 현지회사와 국경도시 라핀란타(Lappeenranta)에 PC 조립공장을 함께 설립한다는 계약을 맺는다. 에이서가 세운 전략의 핵심은 컴퓨터를, 공장으로부터 러시아의 유통업자들에게 넘김으로써 그들로 하여금 수입과 관련된 각종 복잡한 일을 처리하게 하는 것이었다.

그런데 러시아에서는 컴퓨터를 미국이나 유럽에서 온 '화이트', 국내에서 만든 '레드', 그리고 아시아에서 온 '옐로우' 등 세 가지로 분류하고 있다. 러시아인들은 그 중 '화이트'를 가장 높이 평가하는 경향이 있었다. 이러한 풍조는 당연히 핀란드에서 만들어진 화이트로서의 에이서 컴퓨터의 판매에 도움을 줄 것으로 기대되었다.

반면에 IBM은 이러한 사정을 무시하고 93년 모스크바 근교에서 컴퓨터를 조립하기 시작한다. 러시아 정부는 외자유치를 위해 IBM이 해외에서 들여오는 부품에 대해 수입관세를 면제해줄 것을 약속한다. 그러나 러시아의회의 반대로 그 약속은 지켜지지 않았고, IBM은 악전고투 끝에 96년, 조업을 중단하기로 결정한다. 뿐만 아니라 미국의 아이스크림 회사인 벤 앤 제리스(Ben & Jerry's), GE, 코카콜라 등도 러시아에서 많은 어려움을 겪고 일부는 철수한다. 게다가 96년 7월에는 모토롤라의 경영자가 피살되는 사건도 발생한다. 이러한 정황을 생각하면 에이서가 핀란드에 공장을 세운 것은 잘한 일처럼 보인다.

그러나 그 결과는 썩 좋지 않았다. 〈그림 5-4〉에서 보다시피 러시아 시장 전체의 PC 수요는 96년에도 상당히 늘었음에도 불구하고(약 15%가 늘었음), 에이서의 판매는 거의 늘지 않았다. 새로 나타나기 시작한 러시아회사들이 시장점유율을 급격히 늘렸기 때문이다. 그 중에서도 비스트(VIST)라는 러시아회사는 93년에서 96년에 걸쳐 광고·유통·서비스 등의 마케팅활동에 과감히 투자함으로써 눈부신 발전을 거두었다. 소비자들은 점차 국산인 '레드' 컴퓨터를 신뢰하기 시작하였고,

<그림 5-4〉 러시아에서의 PC 수요

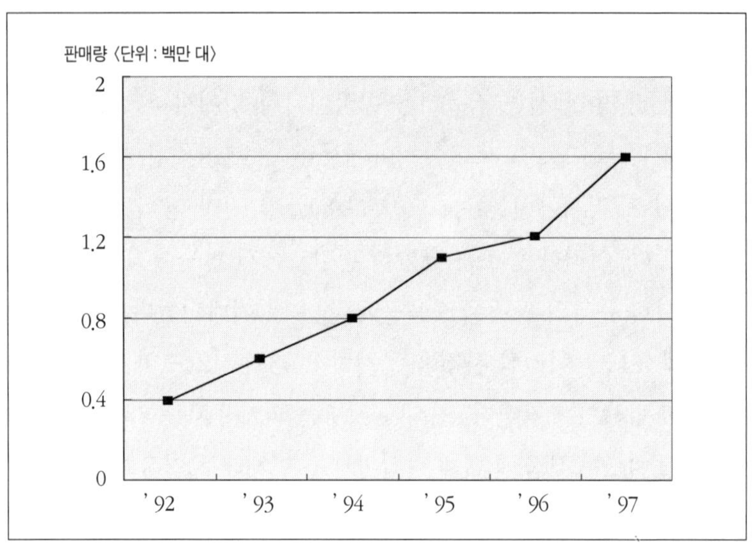

그에 따라 외국산 컴퓨터는 높은 가격을 유지하기가 어렵게 되었다. 더군다나 주로 외국컴퓨터를 구매하던 공공부문은 재정난으로 말미암아 신규 발주를 거의 못했고, 성장을 주도하는 가구시장(household market)은 러시아 상표를 선호했다. 그리하여 1996년에는 시장의 2/3를 러시아회사들이 차지하게 된다.

물론 에이서만이 러시아 컴퓨터산업의 잠재력을 과소평가한 것은 아니었다. 설사 에이서가 러시아에서 합작기업을 세웠다고 하더라도 그 결과가 더 좋았으리라는 보장은 없을 것이다.

이 사례에서 우리는 에이서가 이웃나라 핀란드에서 컴퓨터를 조립하기로 한 결정을 탓할 수 없다. 러시아는 사업하기가 아주 힘들고 위험한 나라이기 때문이다. 그 대신 우리는 에이서의 경험에서 다음과 같은 교훈을 얻어야 할 것이다.

- 아무리 잘 된 결정이라도 얼마든지 예상 밖의 결과가 나올 수 있다.
- 따라서 기업은 중요한 결정을 내릴 때일수록 예기치 못한 사태가 일어날 경우에 대비한 대응책을 미리 마련해놓아야 한다.

3

마케팅 프로그램의 결정

표준화냐 현지화냐?

어느 나라에 어떻게 들어갈 것인가를 결정했다면 이제 그 회사는 진출한 나라에서 어떻게 마케팅할 것이냐를 결정해야 한다. 이때 가장 문제가 되는 것은 마케팅믹스를 세계적으로 표준화(standardize)할 것이냐, 아니면 각국의 사정에 맞게 현지화(customize, localize)할 것이냐 하는 문제이다.

표준화전략의 가장 큰 장점은 여러 나라에서 표준화된 마케팅 프로그램을 쓰기 때문에 비용이 적게 든다는 점이다. 하버드 경영대학원의 테오도르 레빗(Theodore Levitt) 교수는 전세계가 비슷해져 가고 있기 때문에 표준화된 마케팅믹스를 써야 한다고 강력히 주장하고 있다.[1] 반면에 현지화전략은 각국의 사정에 따라 마케팅믹스의 요소들을 조절하기 때문에 상대적으로 비용은 더 많이 들어가지만, 현지에서의 성공가능성은 더 크다고 말할 수 있다.

그 동안 마케팅학계에서는 표준화를 해야 한다는 측과 현지화를 해

---

1) Theodore Levitt, *"The Globalization of Markets"*, Harvard Business Review, May-June 1983, pp. 92~102

야 한다는 측이 치열한 논쟁을 벌여 왔다. 현재로서는 이 논쟁의 잠정적인 결론을 다음과 같이 요약할 수 있다.

> **〈표준화 · 현지화에 관한 논쟁의 잠정적인 결론〉**
>
> 나라와 제품에 따라 표준화전략이 가능한 경우도 있지만, 대부분의 경우 현지사정을 완전히 무시한 표준화전략은 상당히 위험하다. 그러나 한편으로는, 표준화할 수 있는 여지가 아직 꽤 남아있는 것도 사실이다. 따라서 회사는 각국의 사정에 맞게 현지화된 마케팅믹스를 쓰되, 표준화할 수 있는 부분은 과감히 표준화해야 한다.

실제로 표준화전략이나 현지화전략은 회사가 선택할 수 있는 수많은 접근방법 중의 두 극단에 지나지 않는다. 그리고 현실적으로 이 두 극단 가운데 어느 하나만을 택하는 회사는 거의 없다. 따라서 문제는 이 두 전략 중의 하나를 고르는 것이 아니고, 회사의 각 기능과 마케팅 프로그램의 어느 부분을 얼마만큼 어떻게 표준화 또는 현지화하는 것이 가장 적합한가를 파악하는 것이다.

예컨대 미국의 코카콜라와 스위스의 네슬레(Nestlé)는 오랫동안 해외사업을 해온 전형적인 다국적기업이다. 그런데 〈그림 5-5〉에서 알 수 있듯이, 이 두 회사 모두 사업기능, 제품, 마케팅믹스의 각 요소, 그리고 각 나라에 따라서 표준화 또는 현지화를 하고 있다.

다음에 나오는 프록터 앤 갬블 사례는, 선진 노하우가 뒷받침된 표준화전략의 가능성을 보여준다. 즉 이 회사의 경우에는 기본적으로 미국식 사고방식에 바탕을 둔 마케팅전략이, 문화환경이 매우 다른 중국에서도 힘을 발휘하고 있는 것이다. 반면에 미국과 유럽의 문화 차이

를 과소평가했던 유로디즈니는 결국 현지화 쪽으로 방향을 틀 수밖에
없었다.

〈그림 5-5〉 코카콜라와 네슬레의 표준화·현지화 전략

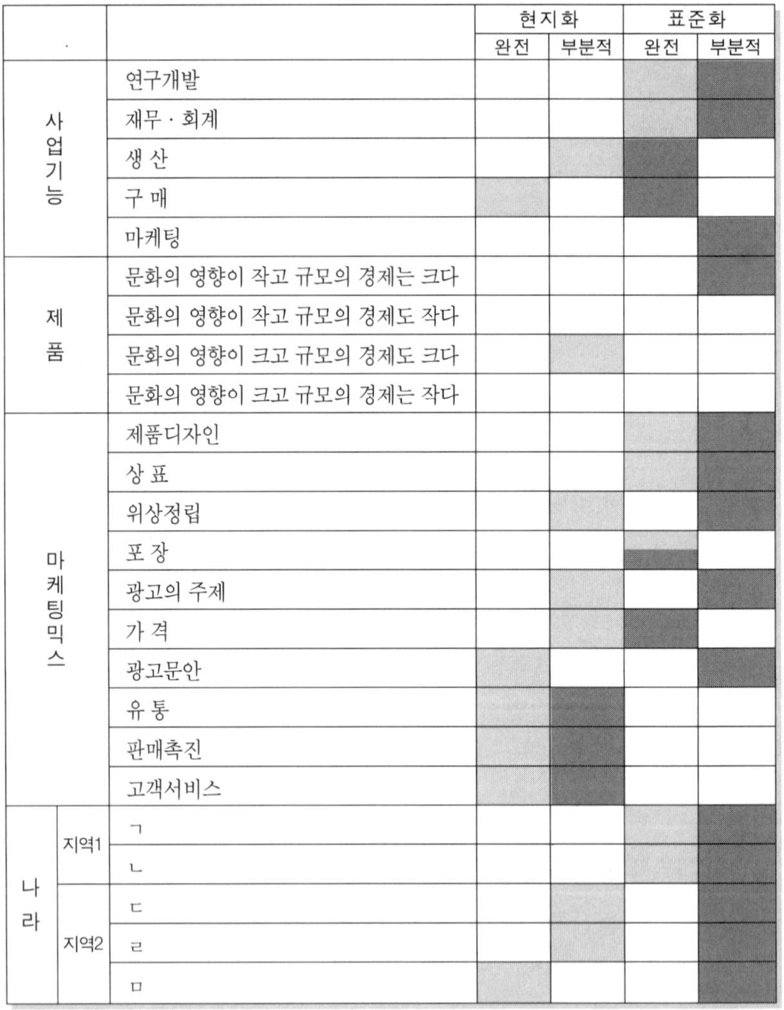

셀 안의 연한 음영은 네슬레, 진한 음영은 코카콜라를 나타낸다.

		현지화		표준화	
		완전	부분적	완전	부분적
사업기능	연구개발			네슬레	코카콜라
	재무·회계			네슬레	코카콜라
	생 산		네슬레	코카콜라	
	구 매	네슬레		코카콜라	
	마케팅				코카콜라
제품	문화의 영향이 작고 규모의 경제는 크다				코카콜라
	문화의 영향이 작고 규모의 경제도 작다				
	문화의 영향이 크고 규모의 경제도 크다		네슬레		
	문화의 영향이 크고 규모의 경제는 작다				
마케팅믹스	제품디자인			네슬레	코카콜라
	상 표			네슬레	코카콜라
	위상정립		네슬레		코카콜라
	포 장			네슬레/코카콜라	
	광고의 주제		네슬레		코카콜라
	가 격		네슬레	코카콜라	
	광고문안	네슬레			코카콜라
	유 통	네슬레	코카콜라		
	판매촉진	네슬레	코카콜라		
	고객서비스	네슬레	코카콜라		
나라	지역1 ㄱ			네슬레	코카콜라
	지역1 ㄴ			네슬레	코카콜라
	지역2 ㄷ		네슬레		코카콜라
	지역2 ㄹ		네슬레		코카콜라
	지역2 ㅁ	네슬레			코카콜라

□ 네슬레　■ 코카콜라

자료원 : J.Quelch and E. Hoff, *"Customizing Global Marketing"*, Harvard Business Review, May-June 1986.

중국의 대중시장을 파고든 프록터 앤 갬블

1988년 미국의 세계적인 소비재회사 프록터 앤 갬블(Procter & Gamble, P&G)은 중국에서 비듬샴푸 '헤드 앤 쇼울더즈'(Head & Shoulders)를 팔기 시작한다. 현지의 중국샴푸들이 비듬을 없애는 데 그다지 효과가 없다는 것에 착안한 P&G는 광고를 통해 이 제품의 비듬퇴치 기능을 대대적으로 알린다. 그 결과 3년이 채 되지 않아 헤드 앤 쇼울더즈는 중국에서 가장 잘 팔리는 샴푸로 떠오른다.

그 후 P&G는 리조이스(Rejoice)와 팬틴(Pantene)이라는 두 샴푸상표에다 비듬퇴치 기능을 첨가한 후, 이들을 중국시장에 내놓는다. 즉 중국의 샴푸시장에서 이른바 다상표전략(multibrand strategy)을 쓴 것이다. 이 두 제품은 모두 훌륭한 광고캠페인으로 뒷받침되었으며, 그래서인지 둘 다 성공적으로 시장에 정착했다.

중국인들은 특히 리조이스 광고를 아수 좋아했다고 한다. 그런데 P&G의 샴푸들은 중국샴푸보다 훨씬 비싸다. 즉 가격은 이들의 강점이 아니다. 그럼에도 불구하고 이 세 상표는 중국의 주요도시에서 모두 합해 57%의 시장점유율을 차지하고 있다(표 5-1 참조). 이에 비해 중국회사들의 수많은 상표 가운데 가장 많이 알려진 '칭따오맥주'는 그 점유율이 3%밖에 안된다.

이렇게 프록터 앤 갬블의 중국시장 진출은 샴푸를 파는 것으로 시작되었으며, 현재까지도 매우 좋은 성과를 거두고 있다. 1995년 P&G는 중국에서 샴푸와 세제를 팔아 4억5천만 달러의 매출을 올림으로써

<표 5-1> 중국 주요 도시에서의 각 샴푸상표의 시장점유율 *

상표(회사)	94년 4월~5월	95년 4월~5월
리조이스(P&G)	30	35
팬틴(P&G)	12	15
럭스(유니레버)	9	9
헤드 앤 쇼울더즈(P&G)	8	7
웰라(웰라)	8	6

* 각 상표를 가장 자주 산다고 대답한 응답자들의 비율(%)

이 나라 최대의 소비재회사가 된다. 또한 3천억 달러에 달하는 중국의 소비재시장은 다른 어느 개발도상국에서보다 더 빨리 성장하고 있으며, 이와 함께 중국에서 P&G의 매출도 빠른 속도로 늘고 있다.

95년 가을 현재, 샴푸 이외에도 위스퍼(Whisper;생리대), 제스트(Zest;비누), 세이프가드(Safeguard;비누), 타이드(Tide;세제), 아리엘(Ariel;세제) 등의 P&G 제품이 중국에서 팔리고 있다. 이들은 샴푸만큼 큰 히트를 치지는 못했지만, P&G가 중국에서 이미 기반을 잘 잡았다는 그 사실에는 변함이 없다. 이러한 P&G의 성공이 갖는 가장 큰 의미는 서양회사가 중국의 대중시장(mass market)을 석권할 수 있다는 사실을 증명했다는 데 있다.

그러나 P&G가 이러한 성공을 쉽게 그리고 값싸게 얻은 것은 물론 아니다. 이 회사는 중국내 8개의 합작회사에서 4,500명의 노동자들을 고용하고 있으며, TV광고비를 그 어느 회사보다도 많이 쓰고 있다. 또한 100명 이상의 경영자를 현지에 파견해놓고 있는데, 이들을 유지하는 데 드는 비용만 해도 일년에 2천만~3천만 달러 정도라고 한다.

P&G가 이렇게 과감한 투자를 하는 까닭은 이 회사가 애초부터 중국에서 1위가 되겠다는 생각으로 이 나라에 들어갔기 때문이다.

P&G가 중국에서 특히 힘을 기울인 것은 전국적인 유통망의 구축이었다. 이를 위해 P&G는 우선 인구 20만 명 이상의 중국 도시 228개의 교통지도를 확보한 다음, 각 지도 위에 백화점 및 구멍가게들의 위치를 표시했다. 그러고 나서 지상군(ground troops)으로 비유되는 수많은 영업사원들로 하여금 각 담당구역을, 글자 그대로 '공략' 하게 한 것이다. 뿐만 아니라 수백만 명의 도시민들에게 공짜로 샴푸 및 세제 견본을 돌렸다. 이 무료견본 배포는 매우 좋은 반응을 불러일으켰다. 즉 P&G 제품을 한번 써본 중국소비자들의 상당수가 P&G를 좋아하고 그 제품을 애용하게 된 것이다.

P&G는 또 세탁기제조회사들과 제휴를 맺고, 그들로 하여금 고객들에게 세탁기를 배달할 때 P&G의 세제인 아리엘과 타이드를 함께 전달하도록 하였다. 이러한 창의적 · 적극적인 판매/유통전략 덕분에 P&G는 심지어 유니레버의 아성이라고 스스로 인정했던 상하이에서도 유니레버를 앞서게 되었다고 한다.

이렇듯 전형적인 마케팅조직(marketing organization)이라고 할 수 있는 프록터 앤 갬블이 거대한 중국시장에서 그 유명한 마케팅실력을 앞으로 얼마나 더 발휘하게 될지 주목된다.

유로디즈니의 시련과 위기 극복

83년 4월에 문을 연 일본의 동경 디즈니랜드는 월트디즈니 사(Walt Disney Company ; WDC) 최초의 본격적인 해외사업이다. 이것이 큰 성공을 거두자 WDC는 자연스럽게 유럽을 다음 목표로 정한다. 80년대에 유로디즈니(Euro Disney)를 기획할 때만 해도 이 사업은 거의 보증수표처럼 보였다. 경제호황을 누리고 있는 유럽인들은 여가활용에 돈을 많이 쓰고 있었고, 유럽에는 디즈니가 계획하고 있는 것만큼 큰 테마공원이 아직 없었다. 게다가 디즈니라는 상표가 유럽의 구석구석까지 잘 알려진 것은 두말할 것도 없다.

그러나 이러한 장미빛 예상은 완전히 빗나갔다. 92년 4월 12일 파리 근교에 위치한 유로디즈니가 개장한 후 첫 1년 동안 이 곳을 찾은 방문객의 수는 목표치인 1천1백만 명을 능가한다. 그럼에도 불구하고 94년에는 이미 3억 2천만 달러의 손실이 발생했고, 방문객의 수는 93년에 비해 10%나 줄었으며, 주가는 곤두박질친다(그림 5-6 참조).

WDC는 채권은행단의 도움을 받는 것 외에 경영진을 유럽인으로 대거 교체하고, 과감한 원가절감 조치를 취하였으며, 가격·제품 등의 마케팅 측면에서도 변화를 일으켰다. 그 결과 95년에 처음으로 약 2천만 달러의 이익을 내는 등 사정이 조금씩 나아지고 있다.

이러한 경영개선 성과를 보면 그동안 유로디즈니가 고전한 것은 유럽에서 대규모의 테마공원을 운영한다는 아이디어가 문제였던 것이 아니고 그것을 실행에 옮기는 과정에 잘못이 있었던 것 같다.

〈그림 5-6〉 유로디즈니의 주가

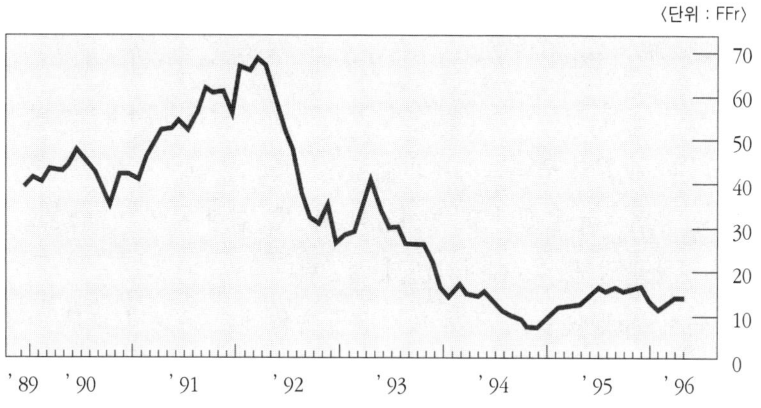

WDC의 가장 큰 실수는 유로디즈니를 직접 소유하고 경영할 뿐만 아니라 주변의 넓은 땅을 사들여서 그것을 대대적으로 개발하려고 한 것이었다. 애초에 디즈니가 그러한 계획을 세운 것은 일본에서의 뼈아픈 경험 때문이었다. 즉 동경 디즈니랜드가 엄청난 돈을 벌어들임에도 불구하고 그것이 일본투자가들의 소유이기 때문에 디즈니는 약간의 로열티만 받고 있는 것이다. 그래서 이번에는 그러한 실수를 되풀이하지 않고 영업이익을 직접 챙기겠다는 생각이었다.

또한 사업이 잘 되면 주변의 부동산값이 오르게 마련이다. 그래서 미리 땅을 확보하고 호텔·상가 등을 세운 다음 그것을 나중에 비싼 값으로 팔아 넘길 계획이었다. 그러나 걸프전이 관광산업과 부동산시장에 영향을 미치기 시작하자, 디즈니는 일단 개발계획을 축소하지 않을 수 없었다. 또한 유럽의 방문객들은 미국 방문객들과 비교할 때, 공원 안에서 돈을 적게 썼다. 그들은 비싼 음식보다는 패스트푸드를 즐겼으며, 기념품도 많이 사지 않았다. 게다가 2~3일 동안 묵으면서 구경하는 사람들이 적었기 때문에 호텔 방은 언제나 남아돌았다. 계절간의 차이도 예상보다 훨씬 컸다. 즉 하루의 내방객 수가 성수기에는 9만 명에 이르렀지만 겨울에는 1만 명밖에 안됐다.

이러한 문제들을 해결하는 것이 93년에 유로디즈니 사장으로 부임한 프랑스인 필립 부르기뇽(Phillippe Bourguignon)의 과제였다. 부르기뇽은 우선 채권은행단 및 본사와의 지루한 협상 끝에 이자 및 로열티의 지불을 당분간 유예시키는 데 성공한다.

이어서 부르기뇽 사장은 곧 마케팅에 손을 댄다. 유로디즈니는 처음에 유럽을 한 나라로 취급하고 미국에서 성공한 마케팅기법을 유럽 전체에 그대로 적용한다. 그러나 이 회사는 유럽 관광객들의 취향이 미국과 다르고, 또 유럽 내에서도 나라마다 서로 크게 다르다는 것을 곧 알게 된다. 또한 입장료가 최대고객집단인 프랑스인들에게 너무 비싸다는 사실도 깨닫는다.

그래서 부르기뇽은 우선 광고부터 유럽인들의 취향에 맞게 바꾼다. 원래 유로디즈니의 광고캠페인은 어린이들을 겨냥하였으며, 미국에서 했던 대로 대체로 미키나 플루토가 공원에서 벌어지는 퍼레이드나 놀이기구를 소개하는 내용이었다. 부르기뇽은 이것을 어른들이 자녀들의 간청을 외면할 수 없도록 만드는 광고로 바꾼다.

또 유로디즈니는 각 나라의 특성에 맞는 마케팅활동을 펴기 위해 런던, 프랑크푸르트, 밀라노, 브뤼셀, 암스테르담, 마드리드에 마케팅사무소를 연다. 그러나 부르기뇽이 내린 가장 과감한 결정은 성수기 때의 어른 입장료 250프랑을 195프랑으로 20퍼센트 이상 내리고, 제일 싼 호텔방의 숙박비를 1/3 이상 낮춘 것이었다.

뿐만 아니라 그는 겨울에 고객들을 끌기 위한 갖가지 방안을 적극적으로 시행한다. 디즈니는 일단 디즈니랜드 파리(공원의 이름을 이렇게 바꿨음)에 한번 왔던 사람은 다시 올 확률이 높다는 것을 알고 있고, 또한 한 명의 방문객이 평균 18명에게 디즈니랜드를 추천한다는 조사결과도 갖고 있다. 따라서 우선은 손님들을 공원에 오게 하는 것이 무엇보다도 중요하다. 디즈니랜드처럼 고정비가 큰 서비스산업에서는 방문객의 수가 사업의 성패를 결정하기 때문이다.

유로디즈니는 앞으로도 황금알을 낳는 거위가 될 가능성이 별로 없다. 애초에 WDC가 가졌던 그러한 꿈은 글자 그대로 '꿈'이었던 것이다. 그러나 95년도의 내방객수가 1천70만 명에 이르고, 호텔의 숙박률이 93년의 51%에서 95년에는 68%로 오르는 등 경영성과는 뚜렷이 나아지고 있다. 또한 생산성 향상으로 손님 한 사람당 비용이 거의 20%나 줄어들었다고 한다.

부르기뇽은 2년에 걸쳐 일주일에 두 번씩 종업원들과 아침식사를 하면서 그들의 이야기를 들은 바 있다. 그런 경험을 통해 그는 종업원들의 사기를 높였을 뿐만 아니라 그들로부터 디즈니랜드 파리를 개선할 수 있는 아주 뛰어난 아이디어를 상당수 얻을 수 있었다.

여러 가지 의미에서 디즈니의 가장 훌륭한 업적은 종업원들을 늘 웃게 만들었다는 점에 있다. 실제로 손님들이 디즈니랜드에서 얻는 것은 어떤 물체가 아니고 즐거움 또는 재미라는 이름의 경험이요 추억이다. 따라서 이러한 즐거운 경험과 추억을 파는 서비스회사의 종업원들은 절대로 우울한 표정을 지어서는 안 된다. 그러나 회사가 파산할지도 모르는 상황에서 유로디즈니의 종업원들이 어린이들에게 계속 미소를 보내는 것은 결코 쉽지 않았을 것이다. 그럼에두 그들은 지금까지 그런 어려움 속에서도 웃음을 잃지 않았다. 그러나 앞으로도 시련이 닥쳤을 때 그들이 웃으면서 그것을 극복할 수 있을지는 두고 보아야 안다.

마케팅믹스 요소별 전략

그러면 회사가 다른 나라에 들어갈 때 현지사정에 맞게 마케팅믹스의 각 요소를 어떻게 조절할 수 있는지 알아보자.

1) 제품 및 촉진(커뮤니케이션)

미국의 키간(Warren J. Keegan) 교수는 해외시장에서 기업이 택할 수 있는 다섯 가지의 제품·촉진전략을 제시한 바 있다[2](그림 5-7 참조). **국내전략의 연장**이란 글자 그대로 국내에서 쓰던 제품·촉진전략을 큰 변경 없이 그대로 해외시장에서도 쓰는 것을 말한다. 이 전략은 코카콜라·펩시콜라·카메라·가전제품·껌·청바지 등의 제품에 성공적으로 적용된 바 있다.

그러나 이 전략이 실패한 예도 우리는 얼마든지 찾아볼 수 있다. 예를 들어, 미국의 대표적인 식품회사인 캠벨(Campbell)은 이 전략을 갖고 영국에 토마토 수프를 도입했다가 실패했다. 그 이유는 영국사람들이 이 수프가 너무 달다고 느꼈기 때문이다.

이 전략은 단기적으로는 비용이 적게 든다는 큰 장점을 갖고 있지만, 장기적으로는 성공할 가능성보다 실패할 가능성이 더 크다고 보아야 할 것이다.

---

2) Warren J. Keegan, *Multinational Marketing Management*, 5th ed., Englewood Cliffs, N. J. : Prentice-Hall, 1995, pp. 489~494

〈그림 5-7〉 국제 마케팅에 있어서 다섯 가지의 제품·촉진전략

<table>
<tr><td></td><td colspan="2" align="center">제 품</td><td></td></tr>
<tr><td></td><td>변경하지 않음</td><td>변 경</td><td></td></tr>
<tr><td rowspan="2">커뮤니케이션</td><td>변경
하지
않음</td><td>국내전략의
연장</td><td>제품의 변경</td></tr>
<tr><td>변경</td><td>커뮤니케이션의
변경</td><td>이중변경</td></tr>
</table>

제품발명

제품의 변경(product adaptation)이란, 제품은 현지사정에 맞게 바꾸고 커뮤니케이션전략은 국내에서의 전략을 해외에서도 그대로 쓰는 것을 말한다. 이 전략은 제품의 기본적인 용도는 세계적으로 비슷하지만 각국의 취향 및 사정에 맞게 제품을 조금씩 바꿔야 할 필요가 있을 때 통용되는 전략이다.

예컨대 스위스의 대규모 식품회사인 네슬레(Nestlé)와 미국의 제네럴 푸드(General Foods)는 각국 사람들의 입맛에 맞게 여러 가지 종류의 커피를 개발하여 판매한다고 한다. 또 대규모 석유회사인 엑손(Exxon) 사는 자사가 생산하는 휘발유의 성분을 각국의 기후사정에 맞게 조금씩 바꾼다고 한다.

미국에서는 세탁기와 드라이어가 대체로 크고 소리도 많이 난다. 그

것은 이런 제품들이 미국가정에서는 통상 주거공간에서 조금 떨어진 곳에 놓이기 때문이다. 그러나 미국의 월풀(Whirlpool)이 이들을 유럽에서 팔 때는 작고 소리가 덜 나는 제품으로 만들었다고 한다. 유럽에서는 세탁기와 드라이어를 주거공간에 놓고 쓰는 경향이 있기 때문이다.

반면에 프록터 앤 갬블(Proctor & Gamble)은 미국 아기들에게 맞는 일회용 기저귀를 일본에서 그대로 팔려고 한 적이 있었다. 그러나 기저귀가 일본 아기들에게는 너무 커서 시장에서 인기를 못 끌었다. 이것은 처음부터 제품을 바꾸었어야만 하는 사례이다.

다음에 나오는 맥도날드 사례 역시 현지인의 취향에 맞게 제품을 바꾸지 않았을 때의 결과를 보여주고 있다.

제품발명(product invention)은 현지시장에 맞게 새로운 제품을 개발하는 전략이다. 이 전략은 많은 자본과 시간을 투자해야 하고 또 실패할 확률도 적지 않기 때문에 외국의 다국적기업들이 이 길을 택하는 경우는 그다지 많지 않다. 왜냐히면 선진국의 기입들은 주로 사국에서 이미 개발된 제품이나 기술을 바탕으로 해외에 나가는 속성을 갖고 있기 때문이다. 그러나 다음의 피아트 사례는 앞으로 이 전략이 더 자주 쓰여질 가능성이 있다는 것을 보여준다 하겠다.

커뮤니케이션의 변경(communication adaptation)은 제품은 그대로 놔두고 커뮤니케이션만 바꾸는 것을 말한다. 이 전략은 같은 제품이라 할지라도, 그 제품이 충족시키는 소비자의 욕구가 나라마다 다를 때 많이 쓰여지는 방법이다. 예를 들어, 자전거는 미국에서는 주로 레크리에이션용으로 쓰인다. 그러나 개발이 덜 된 많은 나라에서는 지견

거가 아주 중요한 교통수단이므로 그런 나라에서는 소비자들에게 교통수단으로서의 자전거의 가치를 주로 강조하는 메시지를 전달해야 할 것이다.

이중변경(dual adaptation)은 현지 사정에 맞게 제품과 커뮤니케이션을 모두 바꾸는 전략이다. 해외시장에서 커뮤니케이션전략을 바꿀 때는 그 나라의 문화·가치관·규범·관습 등을 잘 고려하여 그 나라 사람들에게 맞는 언어와 색깔로 메시지를 엮어야 한다.

어떤 나라에서는 언어에 관한 그 나라의 법률도 문제가 된다. 예를 들어, 캐나다에서는 제품의 표찰에 그 제품에 관한 정보를 반드시 영어와 프랑스어로 인쇄해야 한다. 프랑스에서는 제품설명서·제품사용서·제품보증서·영수증 등을 꼭 프랑스어로 인쇄해야 하고, 인쇄매체나 방송매체를 통한 광고도 반드시 프랑스어로 해야 한다.

또 각국의 매체사정도 회사의 커뮤니케이션전략에 영향을 미친다. 예를 들어, 유럽에서는 TV광고시간이 아주 제한되어 있다. 프랑스에서는 그것이 4시간을 넘지 못하며, 스웨덴에서는 TV광고를 전혀 할 수 없다. 또 문맹률이 높은 나라에서는 신문이나 잡지를 통한 광고는 별 효과가 없을 것이다.

남아공에서의 맥도날드의 고전

1996년 컨설팅회사 인터브랜드(Interbrand)는 맥도날드를 세계에서 가장 가치가 높은 상표로 선정한 바 있다. 맥도날드가 코카콜라를 제치고 그야말로 세계 제1위 상표가 된 것이다.

맥도날드는 세계 104개국에서 2만 1천 개의 레스토랑을 운영하고 있으며, 그것의 황금색 아취는 모스크바에서 마닐라에 이르기까지 세계의 어느 주요도시에서나 쉽게 발견할 수 있다. 이 회사는 일본에서 데리야끼 버거를 파는 등 현지인들의 입맛에 맞게 제품을 바꾸면서도 기본적으로는 전세계에서 똑같은 개념의 제품을 팔고 있다는 것을 큰 자랑으로 여기고 있다.

맥도날드의 제품개념(product concept)은 "강한 상표를 가진 회사가 깨끗한 환경에서 제공하는 양질의 즉석음식(fast food)"으로 표현할 수 있다.

그런데 최근 들어, 미국 내에서의 경쟁이 더욱 격화됨에 따라 맥도날드는 해외시장 확충에 상대적으로 많은 노력을 기울이고 있다. 해외매출의 비중을 높이려는 이러한 노력의 일환으로 맥도날드는 1995년 남아공에 발을 들여놓는다. 다른 많은 미국회사들과 마찬가지로 맥도날드는 오랫동안 남아공시장에 눈독을 들이고 있었으나, 악명높은 인종차별정책이 철폐될 때까지 진출을 보류해야만 했었다.

오랜 시간을 기다린 끝에 맥도날드는 드디어 1995년에 첫 레스토랑을 열었다. 그러나 이때만 해도 남아공이 얼마나 파고들기 어려운 시장인지에 대해서는 전혀 모르는 상태였다. 맥도날드가 상륙했을 당시 남아공에는 이미 여섯 개의 강한 패스트푸드 회사가 있었는데, 이 중 둘은 외국회사였고(KFC와 Wimpy), 나머지는 현지회사였다. 이 회사들의 이름은 난도스(Nando's), 치킨 리킨(Chicken Licken), 스티어스(Steers), 그리고 빔보스(Bimbo's)였다. 남아공이 외부세계로부터 고립되어 있는 동안에 이들은 특히 남아공사람들의 입맛에 맞는 제품을 공급함으로써 그들의 사랑을 듬뿍 받게 되었다.

맥도날드는 이러한 진입장벽을 넘기 위하여 애를 쓰고 있으나, 그 성과는 좀처럼 나타나고 있지 않다. 즉 1997년 9월 현재, 맥도날드는 레스토랑을 28개밖에 갖고 있지 못하며 3대 도시 밖으로는 아직 진출도 하지 못한 상태이다. 이러한 이유로 〈그림 5-8〉에서 보다시피 시장

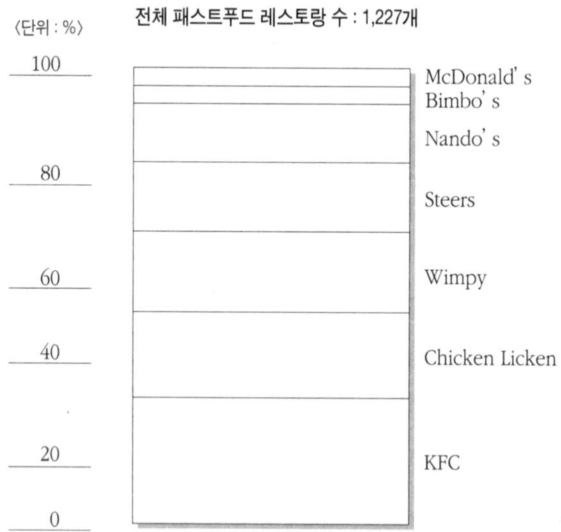

〈그림 5-8〉 남아공에서의 각 패스트푸드체인의 시장점유율

점유율이 매우 낮다.

맥도날드는 손님이 주문한 지 90초 이내에 음식을 내주고, 어린이들에게 장난감을 선물로 주며 그들의 놀이터를 마련하는 등 경쟁사들보다 한결 나은 서비스를 제공하고 있다. 그러나 맥도날드는 현지인들의 취향을 고려하지 않고 세계적으로 표준화된 메뉴, 즉 갖가지 크기의 다양한 소고기햄버거와 몇 개의 치킨제품으로 이루어진 제품계열을 그대로 남아공에 도입했다.

하지만 남아공에서 소비되는 패스트푸드의 2/3는 소고기가 아닌 닭고기다. 대체로 이 나라의 흑인들은 값이 싼 닭고기를 주로 먹고, 백인들은 소고기를 즐기는 경향이 있다. 그럼에도 불구하고 경쟁사인 난도스는 포르투갈식과 모잠빅식을 혼합한 치킨버거를 백인들에게 성공적으로 팔고 있다. 게다가 맥도날드의 치킨버거는 경쟁제품보다 30%나 비싸 흑인들이 멀리하고 있으며, 버거제품은 현지인들이 보기에는 너무 작고 얇다. 예를 들어, 경쟁사인 스티어스가 판매하는 빅 스티어(Big Steer)에는 무려 200g의 소고기가 들어 있다.

맥도날드는 풍부한 마케팅자원과 막강한 상표를 갖고 있음에도 불구하고 이렇게 현지인의 취향에 맞게 제품을 대폭 바꾸지 않은 결과, 남아공에서 큰 어려움을 겪고 있는 것이다. 기업이 아무리 잘 알려진 상표를 갖고 있다고 하더라도, 절대로 현지회사를 얕잡아보거나 현지인들의 필요와 욕구를 무시해서는 안 된다는 것이 이 사례가 우리에게 주는 교훈이다.

브라질시장에서의 피아트의 성공작 "팔리오"

신제품을 성공적으로 출범시키는 것은 결코 쉽지 않다. 그래서 많은 회사들이 낯선 해외시장보다는 비교적 안전한 국내시장에 신제품을 먼저 내놓는다. 그렇게 하면 국내에서 발견된 문제점들을 미리 해결한 다음 해외에 나갈 수 있기 때문이다.

그러나 이 전략을 쓰면 현지에 맞지 않는 제품을 도입할 가능성이 상대적으로 높다. 자동차산업에서는 특히 그러한 위험이 크다. 그래서 이탈리아의 대표적인 자동차회사 피아트(Fiat)는 처음부터 개발도상국시장을 겨냥하여 신제품을 개발하는 대담한 전략을 선택하였다. 이 전략의 소산이 바로 팔리오(Palio)이다. 피아트는 디자인에서부터 생산에 이르기까지 기존방식과는 다르게 팔리오를 개발하였으며, 그것을 처음부터 이탈리아가 아닌 브라질에서 생산·판매하고 있다.

피아트의 이러한 전략은 현재까지 큰 성공을 거두고 있다. 96년 4월에 팔리오가 출시된 이후 12개월 동안 브라질에서는 이 차가 거의 25만 대나 팔렸으며, 이것은 기존의 신차발매 기록보다 배 이상 많은 숫자이다. 반면에 유럽차와 거의 똑같은 피에스타(Fiesta)를, 팔리오보다 한 달 늦게 출시한 포드(Ford)는 고전을 면치 못하고 있다(그림 5-9 참조).

이러한 성과에 힘입어 피아트는 97년 3월 아르헨티나의 코르도바(Cordoba)에서 팔리오의 세단형인 시에나(Siena)를 생산하기 시작한다. 시에나는 첫 석 달 동안에 약 6천 대가 팔렸으며, 피아트는 이것을 연간 3만 대 정도를 팔아 이 나라 승용차시장의 10%를 차지하려고 한

<그림 5-9> 브라질의 소형차시장

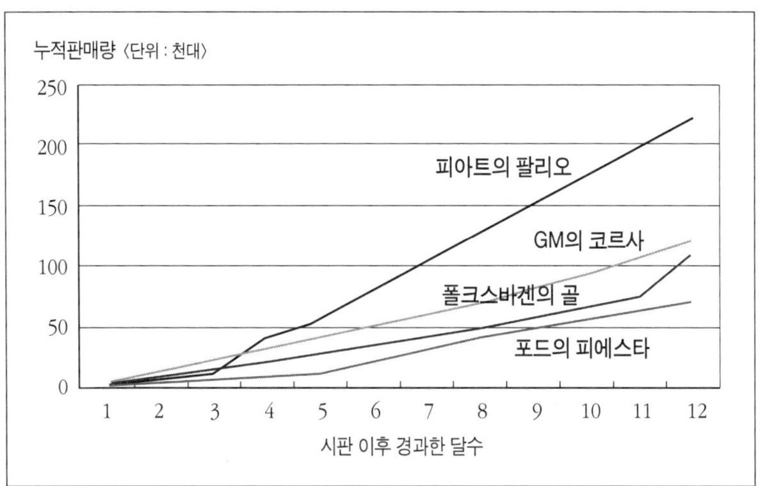

다. 97년 4월에는 베네주엘라에서 팔리오의 조립이 시작되었으며, 7월부터는 폴란드에서 시에나를 생산하고 있다. 피아트의 계획대로라면 조만간 터키, 모로코, 남아공, 그리고 인도에서도 팔리오가 생산된다. 앞으로 세계시장에서의 팔리오의 성공 여부는 피아트의 장래에 큰 영향을 미칠 것이다.

원래 피아트가 92년에 팔리오를 개발하기로 결정한 것은 당시 회사가 직면하고 있던 다음의 두 과제를 해결하기 위해서였다.

- 아직 브라질에서 잘 팔리고 있기는 하지만 좀 오래된 소형차 우노(Uno)를 대체할 모델이 필요하다.
- 경쟁이 치열한 서유럽시장에의 의존도를 줄여야 한다.

이러한 당면과제의 해결책으로 피아트가 선택한 대안은 애초부터 '떠오르는 시장(emerging market)'을 목표로 하는 자동차를 개발하는 것이었다. 회사는 이를 위해 93년에 본사가 있는 토리노(Torino)에 300명으로 이루어진 개발팀을 만들었다. 이들 중 120명은 브라질사람이었고, 그 외에 아르헨티나, 폴란드, 터키에서 온 사람들도 있었다. 이들은 브라질인들이 가족용 차(family car)로 살 수 있도록 새로 개발하는 차를 기존의 소형차보다 약간 크게 설계하였으며, 또 브라질의 험한 도로에서도 잘 견딜 수 있도록 차체를 견고하게 만들었다.

피아트는 또한 94년에서 95년에 걸쳐 290명의 브라질 근로자와 엔지니어를 토리노에 보내 팔리오를 생산하는 경험을 쌓게 했다. 그리고 브라질 내의 248개 딜러와 베팀(Betim)에 있는 피아트공장을 위성으로 연결하였다. 이 시스템 덕분에 고객은 자기가 원하는 옵션을 갖춘 자동차를, 계약 후 약 한 달이 지나면 인도받을 수 있게 되었다.

그러나 진짜 시련은 이제부터다. 피아트가 과연 다른 나라에서도 팔리오의 전설을 만들어낼 수 있을 것인가? 물론 피아트는 브라질에서의 경험을 바탕으로 그렇게 할 수 있으리라고 굳게 믿고 있다.

2) 가격 · 유통

해외시장에서 판매되는 자사 제품의 가격을 얼마로 할 것인가는 참으로 어려운 결정사항이다. 어떤 회사들은 자사제품을 국내에서 파는 가격보다 더 싼 가격으로 외국에서 팔고 있다. 대개 아래와 같은 경우에, 많은 회사들이 해외에서의 가격을 낮게 책정한다.

① 낮은 가격으로 해외시장에 침투하여, 그 시장에서의 시장점유율을 높이려고 할 때
② 그 나라의 소득수준이 낮아, 낮은 가격으로밖에 팔 수 없을 때
③ 국내에서 팔고 남은 상품을 해외에서 처분하려고 할 때

이렇게 해외에서의 상품가격을 국내가격보다 낮게 책정하는 것을 덤핑(dumping)이라고 한다. 그런데 만일 상대방 국가에서 어느 외국회사가 덤핑을 하고 있다고 판정을 내리면, 그 회사는 덤핑관세를 물어야 할지도 모른다.

덤핑과는 반대로 해외가격을 국내가격보다 더 높게 책정하는 때도 많다. 이것은 물론 상품이 나라에서 나라로 이동하는 사이에 수송비, 관세, 수입상의 마진, 현지중간상들의 마진 등이 붙기 때문이다. 그리고 현지에서의 그 상품에 대한 가격탄력성이 국내보다 낮은 경우, 즉 값을 높게 매겨도 판매가 그다지 줄지 않거나, 현지의 소득수준이 국내보다 월등히 높을 때도 현지가격을 높게 책정할 수 있다.

다음에 등장하는 렉서스 사례는 침투가격전략을, 그리고 잔탁 사례

는 가치에 바탕을 둔 가격전략(value-based pricing)의 보기를 각각 보여주고 있다. 이 두 사례가 우리에게 주는 교훈을 우리는 다음과 같이 정리할 수 있다.

- 해외시장에서도 가격은 아주 훌륭한 전략적 도구가 될 수 있다.
- 가격전략이 진정한 효과를 발휘하려면 제품의 품질이나 커뮤니케이션 등 다른 마케팅 변수의 뒷받침이 꼭 필요하다.

또 리바이스 사례를 통해서도 상표이미지를 비롯한 회사의 전체적인 마케팅전략과 유통전략이 상호간에 일관성이 있어야만 성공한다는 것을 알 수 있다. 그리고 아홀드 사례에서는 국제유통업계에서의 치열한 시장쟁탈전을 느낄 수 있다.

모든 나라의 유통시장이 거의 완전히 개방되어 가고 있다. 이것은 이제 거스를 수 없는 이 시대의 흐름이다. 따라서 인수합병, 경영합리화 등을 통해 원가를 내리고 가격경쟁력 및 시장점유율을 높이려는 유통업계의 피눈물나는 노력은 앞으로도 계속될 것이 틀림없다.

도요타 렉서스의 시장침투전략

1989년, 일본의 도요타 자동차는 대망의 고급모델인 렉서스(Lexus)를 미국의 고급승용차시장에 내놓았다. 렉서스는 새로운 상표였고, 도요타는 이 상품을 선전하는 광고에서 '도요타'라는 이름을 언급하지 않았다. 그러나 미국의 대중시장에서 해마다 1백만 대 이상의 자동차를 팔고 있는 일본 굴지의 회사가 렉서스를 개발했다는 것은 이미 누구나 다 아는 사실이었다.

도요타의 주력차종은 코롤라(Corolla) 및 캠리(Camry)였는데, 둘 다 신뢰성이나 값어치면에서 이미 정평이 나 있었다. 그럼에도 불구하고 미국인들은 도요타가 우수한 품질의 고급자동차를 생산할 수 있다고는 아직 믿지 않고 있었다.

첫해에 나온 렉서스 LS400의 도입가격은 3만 5천 달러였으며, 1만 6천 대가 팔렸다. 도요타는 이 가격으로는 거의 이익을 못 냈을 것이다. 그러나 이러한 침투정책 덕분에 이듬해 이미 6만 3천 대가 팔려나갔으며, LS400을 타본 사람들은 입에 침이 마르도록 제품을 칭찬하고 다녔다. 그 결과 렉서스는 시장에 나온 지 2년 남짓한 기간에 미국의 고급자동차시장에서 확고한 시장기반을 잡게 되었다.

〈그림 5-10〉은 1989년에서 1995년까지 미국시장에서 LS400의 가격이 어떻게 변화했는가를 보여주고 있다.

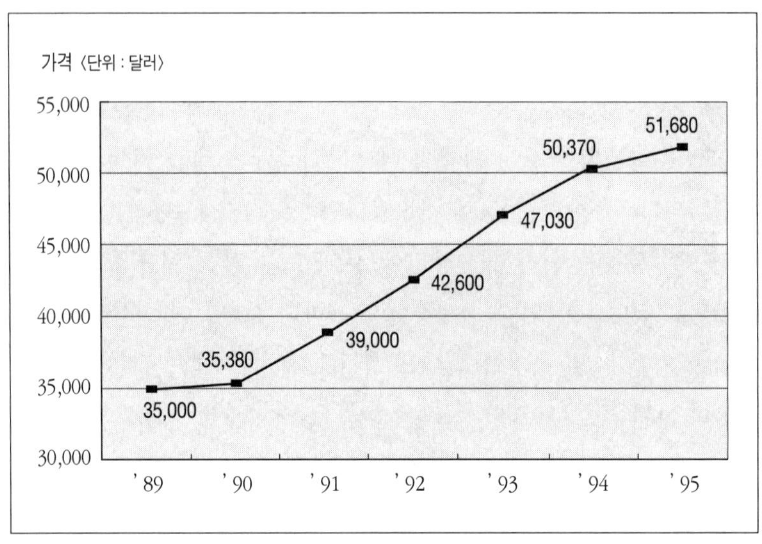

1992년에 '컨슈머 리포트' 지는 LS400을 다음과 같이 표현했다.

"LS400은 뛰어난 공학기술의 소산이며, 매우 높은 수준의 승차감 · 안전함 · 편리함을 고객들에게 제공하고 있다. 이것은 우리가 지금까지 시험해본 자동차들 중에서 가장 높은 점수를 받고 있다."

LS400은 고급차시장에서 '우수한 자동차' 의 상징처럼 되었으며, 각종 소비자만족도 조사에서 늘 수위를 차지하곤 했다. 최고급 승용차를 생산할 수 있는 도요타의 능력에 대해서 미국인들이 갖고 있었던 의구심은 어느새 씻은 듯이 사라졌다.

그러나 그와 함께 3만 달러대의 렉서스도 시장에서 자취를 감추었다. 도요타는 시장기반을 잡으면서 꾸준히 값을 올렸던 것이다. 이와 같이 1989년 도입 당시의 낮은 가격은 렉서스가 주목을 끌고 시장을 빨리 파고들어가는 데 결정적인 도움을 주었다.

이것은 이른바 침투가격전략(penetration pricing strategy)의 아주 전형적인 보기이다. 1989년 한 해 동안의 이익을 극대화하는 것만을 목표로 잡았다면 3만 5천 달러는 사실 너무 싼 가격이었다. 그러나 3만 5천 달러라는 이 '도입가격'을 시장진입 후, 렉서스에 대한 수요를 늘리는 하나의 마케팅도구로 본다면, 우리는 도요타의 전략적 사고를 이해할 수 있을 것이다.

글락소의 위궤양약시장 공략

글락소(Glaxo)의 대표적인 히트상품인 잔탁(Zantac)이 나오기 전만 해도 세계의 위궤양약시장은 스미스클라인(SmithKline)의 타가메트(Tagamet)가 지배하고 있었다.

스미스클라인은 글락소의 미국시장 진출이 가까워짐에 따라 1977년에서 1982년까지 미국시장에서의 타가메트의 값을 20%나 내렸다. 그래서 글락소의 어떤 임원은 잔탁의 값을 타가메트보다 낮게 해야 한다고 주장하기도 했다. 그러나 글락소의 폴 기롤라미(Paul Girolami) 회장은 잔탁이 여러 가지 면에서 타가메트보다 훨씬 낫다고 확신했기 때문에 값을 그것보다 더 비싸게 매기도록 하였다. 그래서 글락소는 잔탁을 타가메트보다 56%나 더 높은 가격으로 시장에 내놓았고, 아울러 이 약의 우수성을 알리기 위하여 미국내 마케팅 제휴회사인 로슈(Roche)와 함께 많은 마케팅 노력을 기울였다.

그 결과, 부작용이 적다는 점 등 잔탁의 우수한 효능이 날이 갈수록 널리 알려지게 되었다. 특히 잔탁을 처방했던 의사들은 그것을 복용한 환자들이 이제 더 이상 고통을 느끼지 않고, 위수술을 받을 필요도 없게 되는 것을 보고, 더욱 자신있게 그것을 권하게 되었다.

그런데 〈그림 5-11〉에서 보다시피 잔탁의 값은 발매 이후 꾸준히 올라가고 있다. 즉 잔탁의 가격은 거의 일정비율로 올라, 그것이 시장에 나온 지 10년째 되는 해에는 도입가격보다 50% 이상 높아진 것을 알 수 있다. 더구나 1986년에 굴지의 제약회사인 머크(Merck)와 릴리

〈그림 5-11〉 타가메트와 잔탁의 가격 변화

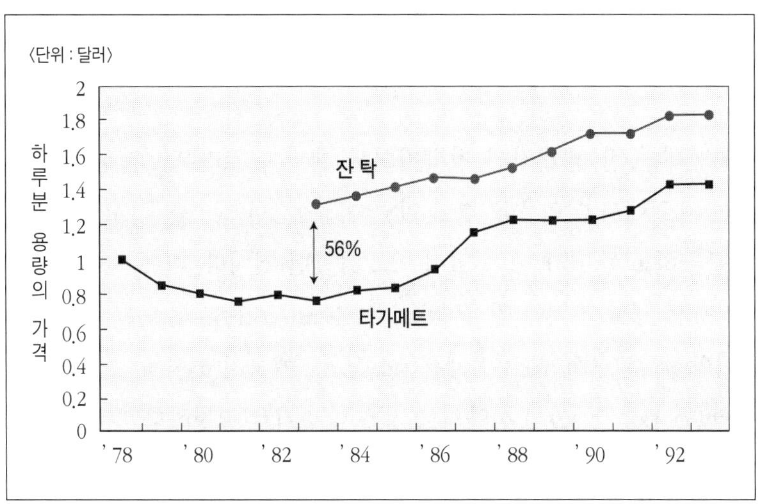

(Lilly)가 경쟁제품을 내놓았음에도 불구하고 글락소는 이러한 가격정책을 고수했다. 이것은 시간이 지나면서 잔탁의 효능이 확실히 증명되고, 따라서 그것에 대한 의사 및 사용자들의 의구심이 줄어들었기 때문에 가능한 일이었다.

글락소가 처음부터 타가메트라는 막강한 경쟁제품보다 56%나 높게 값을 책정한 것은 참으로 대담한 정책이었다. 그러나 여기에 그치지 않고, 소비자들이 느끼는 잔탁의 가치가 올라감에 따라 그에 맞춰 제품의 값을 꾸준히 올린 것도 대단히 현명하고 전략적인 결정이었다. 이것은 제품의 우수성과 회사의 마케팅능력에 대한 강한 확신이 없었으면 실행하기 힘든 전략이었음에도 결과는 대성공이었다.

잔탁 사례는 제품의 가치에 바탕을 둔 가격전략이 성공을 거둔 대표적인 보기라 하겠다.

리바이스의 유럽에서의 새로운 유통전략

80년대 중반 세계적인 청바지회사 레비 슈트라우스(줄여서 리바이스)는 유럽에서 어려움을 겪고 있었다. 즉, 강한 상표를 갖고 있었음에도 불구하고 판매가 계속 떨어지고 있었던 것이다. 이즈음 유럽 담당 사장으로 새로 부임한 칼 폰 버스커크(Carl von Buskirk)는 이른바 마케팅방정식의 3대 요소인 제품(product), 메시지(message), 구매장소(point of purchase)에 전략의 초점을 맞추기로 결정한다.

그런데 제품과 메시지는 회사가 마음대로 할 수 있는 데 반해, 구매장소는 회사가 전혀 통제할 수 없다는 것이 문제였다. 그것은 리바이스가 중간상에 의존하는 전통적인 유통경로를 이용하기 때문이었다. 리바이스의 주요고객층은 젊은이들 또는 마음이 젊은 사람들이므로 이들이 매력을 느낄 수 있도록 점포를 꾸미는 것이 중요하다.

그러나 리바이스의 통제를 받지 않는 소매상이 점포를 운영하는 한, 리바이스가 원하는 만큼 고객들에게 쇼핑의 즐거움을 제공하기가 힘들다. 더구나 버스커크 사장이 보기에 리바이스는 단순한 청바지상표가 아니였다. 그것은 이 회사의 광범위한 제품계열의 판매를 촉진하는 하나의 통합개념이다. 따라서 리바이스가 고객들에게 회사의 메시지를 정확히 전달하기 위해서는 그것의 다양한 상품들이 점포에서 일관성있게 진열되는 동시에 통일된 이미지를 보여주어야 한다. 그러나 80년대에 소매상들은 리바이스를 판매하거나 진열하는 데 있어서 그것을 그렇게 일관성있게 취급하지는 않았다.

이러한 상황에서 판매가 떨어지자 리바이스는 커다란 실수를 범하고 만다. 즉 상표와 그것의 가치에 집중하기보다는 점포의 수를 늘려서 매출을 올리려고 한 것이다. 그 결과 단기적으로는 매출이 조금 늘었지만, 고객들은 점차 품질이나 디자인 면에서 리바이스의 전통적인 이미지와 맞지 않는 이 회사의 상품들을 멀리하기 시작한다.

특히 리바이스는 '501 청바지'를 다시 출범시키면서 회사의 마케팅전략과 유통이 맞지 않는다는 것을 절실히 깨닫는다. 즉 너무 많은 싸구려가게에 리바이스 청바지만 달랑 있는 경우가 많았으며, 정작 리바이스가 있어야 하는 곳에서는 상품구색이 충분히 갖춰져 있지 않았다. 그래서 리바이스는 고객들이 다양한 리바이스의 상품을 그 상표이미지와 어울리는 점포에서 접할 수 있도록 유통전략을 바꾼다. 좀더 구체적으로 말하면 리바이스는 먼저 회사가 갖고 있는 젊음, 독창성, 자유, 그리고 재미라는 이미지에 걸맞게 설계된 'Original Levi's Store'라는 체인점을 열기 시작한다.

1986년 바르셀로나에서 처음 문을 연 이 체인점은 이제 유럽뿐만 아니라 동경, 뉴욕, 모스크바, 시드니 등에도 있으며, 그 수는 450개에 달한다. 또한 이 회사는 엄격한 기준에 따라 리바이스의 상품을 팔 수 있는 점포를 지정하는 선택적 유통전략을 채택하고 있다. 회사의 이미지와 어울리는 점포에서만 리바이스를 팔겠다는 경영진의 강력한 의지의 표시인 것이다. 그 결과 처음에는 매출과 이익이 조금 떨어지는 듯했지만, 우수한 소매상을 골랐기 때문에 매출은 곧 다시 늘어나기 시작했다.

세계 슈퍼마켓업계의 대권을 노리는 아홀드

네덜란드의 아홀드(Ahold)는 북남미·유럽·아시아의 17개국에서 3,500개 이상의 슈퍼마켓을 운영하고 있는 세계적인 소매업체(retailer)이다(그림 5-12 참조). 그러나 98년 초에 미국의 자이언트 푸드(Giant Food)를 27억 달러에 인수한 이후, 이 회사는 지금까지의 확장전략을 다시 검토하고 있다. 즉 이제는 '확장을 위한 확장'보다는 더 크고 더 실속있는 회사를 인수할 필요가 있다고 생각하게 된 것이다. 이 회사의 사장 세스 반 데어 회븐(Cees van der Hoeven) 씨는 다음과 같이 말한다.

"시장에서의 한 회사의 영향력은 그것의 전체적인 규모가 크냐 작냐에 달려 있지 않다. 더 중요한 것은 회사가 현재 들어와 있는 시장에서 막강한 시장점유율을 차지하는 것이다."

아홀드는 자이언트 푸드를 인수함으로 말미암아, 이미 스톱 앤 숍(Stop & Shop)과 BI-LO체인을 갖고 있던 미국의 동부해안 지역에서는 그러한 위치를 확보하게 되었다. 이 회사는 또 브라질의 동북부지역과 라틴아메리카의 몇 군데에서도 상당한 영향력을 행사하고 있다. 그러나 텃밭이라고 할 수 있는 유럽에서는 아홀드의 힘이 경쟁사인 프랑스의 까르푸(Carrefour) 등에 비해 약한 편이다. 더구나 99년 1월부터는 유럽의 11개국에서 새로운 통화인 유로가 통용되고 있다. 그

〈그림 5-12〉 아홀드의 회사 현황

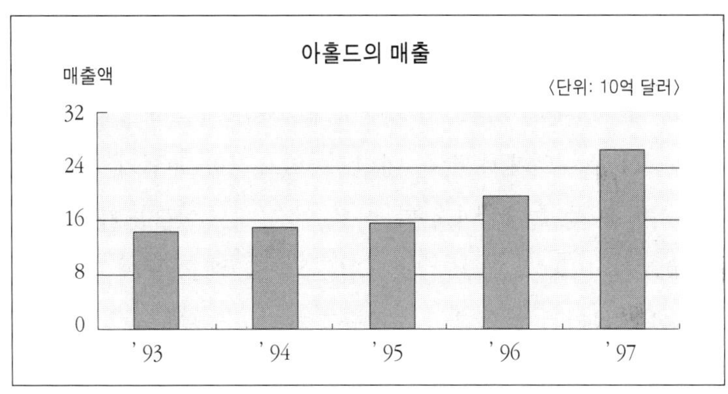

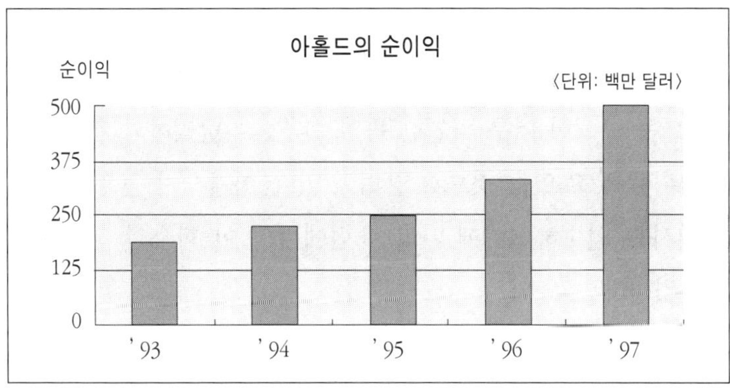

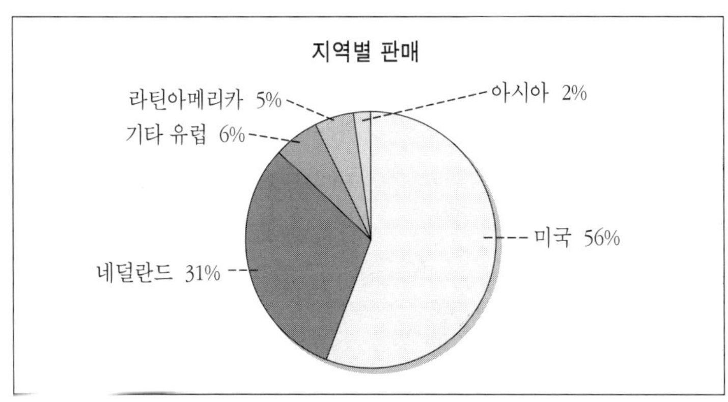

래서 소비자들은 이제 각국 사이의 가격 차이를 매우 쉽게 알 수 있게 되었다.

이런 상황하에서 국가간의 인위적인 가격차이가 유지될 수 없음은 말할 것도 없다. 따라서 제조업체와 소매업체는 과감하게 값을 내려야 한다. 그러나 소매업체가 값을 내릴 수 있으려면 유럽의 주요시장에 충분한 기반을 갖고 있어야 한다. 바로 이 점에서 아홀드가 약한 것이다. 이 회사는 비록 포르투갈, 스페인, 폴란드, 체코 등에 진출하기는 했지만 이들 나라는 한결같이 시장규모가 그리 크지 않다. 결국 아홀드는 반드시 독일, 프랑스, 이탈리아 등의 핵심시장에 들어가야 한다. 그러나 문제는 유럽에는 크기나 수준 면에서 아홀드가 군침을 흘릴 만한 회사가 별로 남아 있지 않다는 것이다.

아홀드는 경쟁이 너무 치열한 독일보다는 이탈리아와 프랑스에 진출할 계획을 갖고 있는 것으로 알려져 있다. 아홀드가 앞으로 어떤 종류의 회사를 인수하느냐에 따라 유럽에서의 이 회사의 전망은 크게 달라질 것이다.

국제마케팅 조직의 결정

4

그러면 지금까지 논의한 모든 국제마케팅 활동을 잘 관리하려면 회사는 어떤 국제마케팅 조직을 갖고 있어야 할까? 그 대답은 물론 회사마다 다를 것이다. 또 같은 회사라 할지라도 시간이 지남에 따라 그 회사에 맞는 국제마케팅 조직도 바뀔 것이다. 그러나 대체로 많은 회사들의 국제마케팅 조직이 변해가는 과정을 우리는 다음과 같이 이야기할 수 있다.

즉, 대부분의 회사들이 외국에 자사상품을 선적함으로써 국제마케팅이란 것을 처음 해보게 된다. 이러한 수출물량이 점차 증가하면, 회사는 수출업무만을 담당하는 수출부(export department)를 두게 된다. 그러나 회사의 해외활동 범위가 더 넓어져서 합작투자 또는 직접투자를 하는 단계에 이르면 수출부만으로는 회사가 하는 모든 국제마케팅 활동을 감당할 수가 없게 된다. 이 단계에서 회사는 자사의 모든 해외관련 업무를 총괄하는 국제사업부(international division)를 설치하게 된다.

국제사업부는 보통 참모부서와 업무부서로 이루어진다. 참모부서는 마케팅·재무·인사·생산·조사 분야 등의 전문가로 구성되는데, 이들의 임무는 한마디로 그들이 갖고 있는 전문지식으로 업무부서의 일을 지원해주는 것이다. 업무부서란 실제로 국제마케팅을 하는 일선부서를 말한다. 업무부서는 흔히 지역별(보기:미주지역 담당·동남아지역 담당·유럽지역 담당)·제품별(보기:VTR 담당·컬러TV 담당·퍼스컴 담당) 또는 현지 자회사별로 나누어진다.

국제사업부 단계가 지나면, 회사는 이제 모든 사업활동을 범세계적인 관점에서 계획하고 시행하는 범지구적 조직체(global organization)가 된다. 이런 회사의 임원들은 범세계적으로 사업을 운영하는 데 잘 훈련되어 있고, 또 경영진의 국적도 다양하다. 사업활동에 필요한 원자재 및 부속품은 세계에서 가장 값싸게 얻을 수 있는 곳에서 사들이며, 기대되는 투자수익이 세계에서 가장 큰 곳에 투자를 한다. 우리나라의 대기업들이 세계의 대기업들과 경쟁할 수 있으려면, 언젠가는 이와 같은 범지구적 조직체로 탈바꿈해야 할 것이다.

여기에 소개하는 ABB 사례는 여러 가지 면에서 우리에게 시사하는 바가 아주 크다. 우선 이 회사는 진정으로 세계화된 우수회사의 한 모델을 보여주고 있다. 또한 정보통신기술과 가치관의 공유를 바탕으로 거대한 다국적 조직을 하나로 통합하는 뛰어난 관리능력도 우리가 배워야 하는 경영노하우이다. 그러한 조직통합이 ABB의 경쟁우위의 하나임은 말할 것도 없다. 그러나 무엇보다도 우리는 이 회사의 "다문화 다국적"이라는 개념과 인간의 창조력을 경쟁력의 원천으로 보는 경영철학에 주목해야 할 것이다.

또 포드 사례는 90년대 전반 일본 자동차회사들이 한창 그 막강한 경쟁력을 자랑할 시절, 그네들을 따라잡기 위한 포드의 대대적인 조직개편 이야기이다. 우리는 이 사례에서 시대의 흐름에 맞춰 조직을 바

꿰야 한다는 당연한 명제와 함께, 개편작업을 매끄럽게 하기 위해 종업원들의 협조를 구하는 최고경영자의 자세를 배울 수 있을 것이다. 또한 초기의 어려움에도 불구하고 최고경영자의 강력한 지도력과 정성 덕분에 포드 2000이 큰 성과를 낼 수 있었다는 말에도 주목할 필요가 있다.

조직통합의 새로운 패러다임을 보여주고 있는 ABB

스웨덴 굴지의 엔지니어링회사 ASEA를 1980년부터 이끌어오던 퍼시 바르네빅(Percy Barnevik) 회장은 1988년 이 회사를 스위스의 경쟁사인 브라운 보베리(Brown Boveri)와 합치는 데 성공한다. 이렇게 해서 태어난 것이 바로 세계 최대의 종합엔지니어링회사 ABB(Asea Brown Boveri)이다.

ABB는 그후 동유럽 · 아시아 등지에서 적극적인 인수합병에 나선다. 그 결과 이 회사는 오늘날 세계 140개 국에 약 1,300개의 자회사를 거느리고 있으며, 그 안에는 5,000개 정도의 이익센터(profit center)가 있다. ABB의 종업원 수는 약 21만명이며, 연간 매출액은 3백억 달러를 넘는다(그림 5-13 참조).

그러면 ABB는 이렇게 거대하고 다양한 조직을 어떻게 운영하고 있는가? 이 물음에 대한 해답의 실마리를 찾기 위해 먼저 바르네빅의 기본적인 생각을 알아보자.

■ '다문화 다국적' 의 개념

바르네빅 회장은 합병 후 ABB의 본사를 스위스 쮜리히로 옮긴다. 스웨덴 회사가 스위스 회사를 인수했다는 인상을 주지 않기 위해서이다. 또 본사의 인원을 170명 정도로 크게 줄였으며, 영어를 회사의 공식언어로 정한다.

그는 내부 벤치마킹(internal benchmarking) 기법을 경영에 도입하

〈그림 5-13〉 ABB의 변화

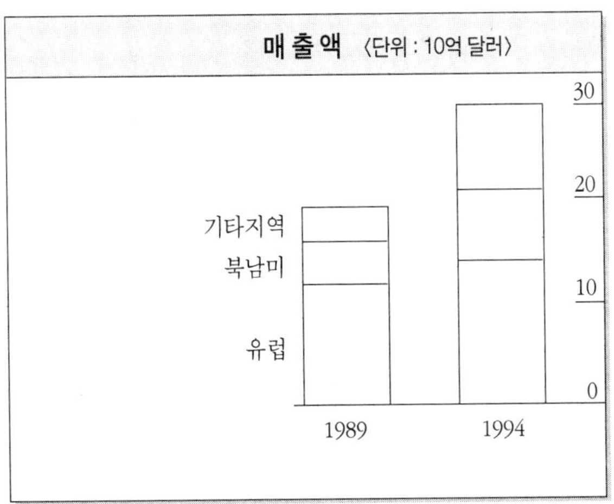

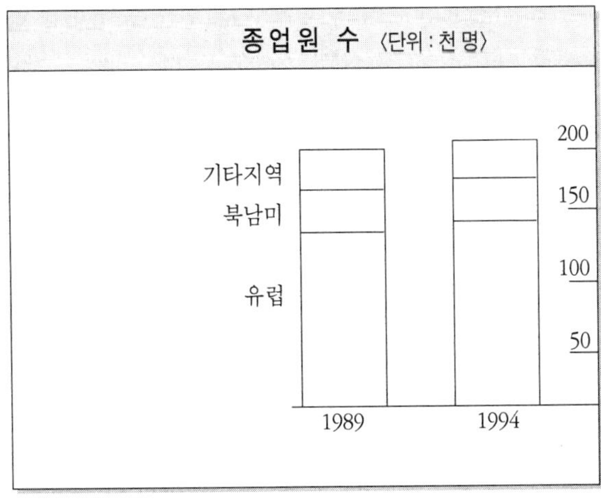

는 등 매우 혁신적인 활동을 벌인 경영자인데, 그의 아이디어 가운데 가장 주목을 끈 것은 "다문화 다국적(multicultural multinational)"이라는 개념이다. 이 말이 나오게 된 배경과 그 뜻은 대체로 다음과 같다.

오늘날 세계 각국의 정부가 점차 규제를 완화하고 있고, 각종 정보 및 여행자들이 쉽게 국경을 넘나들고 있다. 이러한 시대에 한 나라에만 기반이 있는 기업은 앞으로 전망이 없다. 그러나 어차피 각 나라의 시장은 서로 다르기 때문에 기업은 현지에 그 뿌리를 깊이 내려야 한다. 따라서 기업은 통일성과 다양성을 고루 갖춘 조직이 되어야 한다. 그러한 조직을 바르네빅은 다음과 같이 표현하고 있다.

- 각국의 여러 가지 취향에 대응할 수 있을 만큼 다양하지만, 또 내부적으로 통일되어 있기 때문에 전체는 각 부분을 합친 것 이상이 되는 세계화된 기업집단(cosmopolitan conglomerate)

그러면 그의 이러한 생각이 구체적으로 ABB에서 어떻게 구현되고 있는가?

■ 조직개혁의 철학과 기본방향

흔히 ABB에는 세 가지의 역설(paradox)이 있다고 이야기한다. 첫째, 범세계적(global) 회사이면서 현지회사(local company)이다. 둘째, 대규모이면서 동시에 소규모 조직인 것처럼 움직인다. 셋째, 분권화를 하면서 보고 및 관리를 중앙에 집중시킨다.

그런데 이러한 역설은 현대의 거대기업이 안고 있는 과제 그 자체이다. 이런 의미에서 ABB는 오늘날 대기업이 조직개혁을 하려고 할

〈그림 5-14〉 새로운 조직통합에 의한 ABB의 경쟁우위

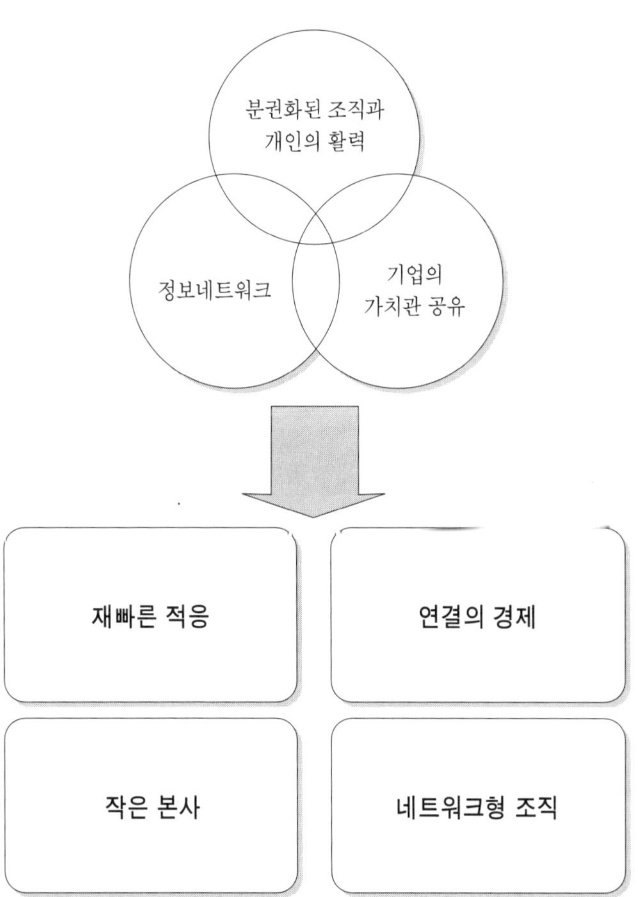

때 반드시 참조해야 하는 좋은 사례라 하겠다.

바르네빅은 인간의 지력(知力)과 창조력에서 나오는 에너지가 기업의 가치와 경쟁력의 원천이라고 보고, 조직개혁의 주안점을 그러한 개인과 조직의 활력을 끌어내는 데 두었다. 따라서 그의 조직개혁의 기본방향은 ABB를 구성하는 각 개인의 활력을 향상시키는 것이며, 또한 나라에만 기반이 있던 사업을 이른바 글로벌 · 비즈니스 · 플랫폼(global business platform)에 올려 연결 또는 규모의 경제를 발휘하게 함으로써 경쟁력을 높이는 것이었다(그림 5-14 참조).

먼저, 개인의 창조력과 기업가정신이 회사의 경쟁우위를 확보하는 데 있어서 꼭 필요하다고 보는 바르네빅 회장의 철학은 조직을 되도록이면 편편하게(flat) 하고, 작은 집단으로 세분하는 것으로 나타난다. ABB가 조직을 세분하는 목적은 다음과 같다.

> - 지식을 원활하게 창출하고 잘 활용하며, 또 그것을 착실하게 축적해가는 조직을 만들기 위한 경영방식을 확립하도록 한다.
> - 구성원의 수를 적게 함으로써 커뮤니케이션이 쉽게 이루어지고 목표를 철저하게 관리하도록 하며, 협동의식을 높이고 기업가정신을 발휘하도록 한다.

■ 사업조직의 통합

그러면 ABB는 이렇게 세분화, 분권화된 조직을 어떻게 통합하고 있는가? 앞에서 언급한 바와 같이 쮜리히에 있는 이 회사의 본사는 그 규모가 매우 작다. 즉 '작은 본사'가 ABB의 특징의 하나이다. ABB 본사의 기능은 각 사업부 및 자회사의 활동을 조정 · 평가 · 계획하는 것이 아니라, 오히려 대외적인 커뮤니케이션과 섭외활동이 그 중심기능이며, 굵직한 사업단위를 평가하는 일도 하고 있다. 또한 앞으로의 경쟁에 대비해서 중장기 비전 및 장기전략을 세우고 경영자원을 통합하는 등의 '미래를 준비하는' 일도 본사의 책임이다.

ABB의 방대한 사업조직을 통합하는 가장 높은 기관은 이사회이지만 실질적으로는 이사회로부터 권한위양을 받은 그룹경영위원회가 경영의 실제 '최고의사결정기관' 이다. 이 위원회는 다섯 개의 사업영역, 즉 발전기기(power generation), 송전·변전·배전(power transmission and distribution), 산업기기·빌딩시스템(industrial and building system), 수송기기(transportation), 금융서비스(financial service) 영역의 각 총괄부사장과 3명의 각 지역총괄책임자 등 모두 8명으로 이루어져 있다. 사업영역의 밑에는 46개의 사업부문이 있으며, 그 아래에 약 5,000개의 이익센터가 있다(그림 5-15 참조). 각 사업부문은 범세계적인 사업단위를 통합하는 동시에 사업계획의 수립 및 시행을 담당하는, 이른바 제품별 사업 본사이다. ABB에는 사업영역외 총괄부사장과 이익센터의 사원 사이에 단계가 5개밖에 없기 때문에 〈그림 5-14〉에 있는 '재빠른 적응' 이 가능하다.

■ 정보 네트워크 및 기업가치관의 공유

이렇게 ABB의 조직은 5,000개에 달하는 이익센터가 전세계에 퍼져 있고 본사는 최소한의 기능만 수행하기 때문에 이러한 조직이 잘 운영되려면 정보통신기술을 이용한 정보 네트워크가 무엇보다도 중요하다. 때문에 ABB의 조직은 네트워크형 조직이라고 불릴 정도로 정보 네트워크가 잘 발달되어 있다고 한다(그림 5-14 참조).

그러나 정보 네트워크가 잘 갖추어졌다고 이러한 조직이 잘 기능하는 것은 아니다. 그것과 더불어 모든 구성원이 회사의 목표와 가치관을 공유하는 것이 반드시 필요하다. 그래서 ABB는 이러한 가치관의 공유를 실현하기 위한 '고객중심(Customer Focus)'이란 프로그램을 적극적으로 시행하고 있다. 이 프로그램은 TBM(time-based management), TQM(total quality management), SM(supply management) 등으로 이루어져 있으며, 다음과 같은 다섯 개의 원칙을 갖고 있다.

- 고객중심의 경영
- 공급업자와의 '한동아리 의식(partnership)'의 확립
- 최고의 품질
- 사업주기(business cycle)의 단축에 의한 경쟁우위의 확립
- 최고의 사원

바로 이러한 프로그램 덕분에 ABB가 세분화·분권화된 조직임에도 자율적으로 잘 움직이고 있는 것이다.

■ 엘리트 글로벌경영자들

그런데 조직의 운영은 결국 사람이 하는 것이다. 아무리 잘 짜여진 조직이라도 그것을 움직이는 사람이 유능하지 못하면 좋은 성과가 나올 수 없다. 이런 의미에서 ABB의 가장 귀중한 자산은 이 회사가 자랑하는 약 500명의 엘리트 글로벌경영자들이다. 바르네빅 회장은 이들을 매우 신중하게 선발하며, 이들의 경력에 각별한 관심을 갖고 있다.

〈그림 5-15〉 ABB의 매트릭스형 조직운영

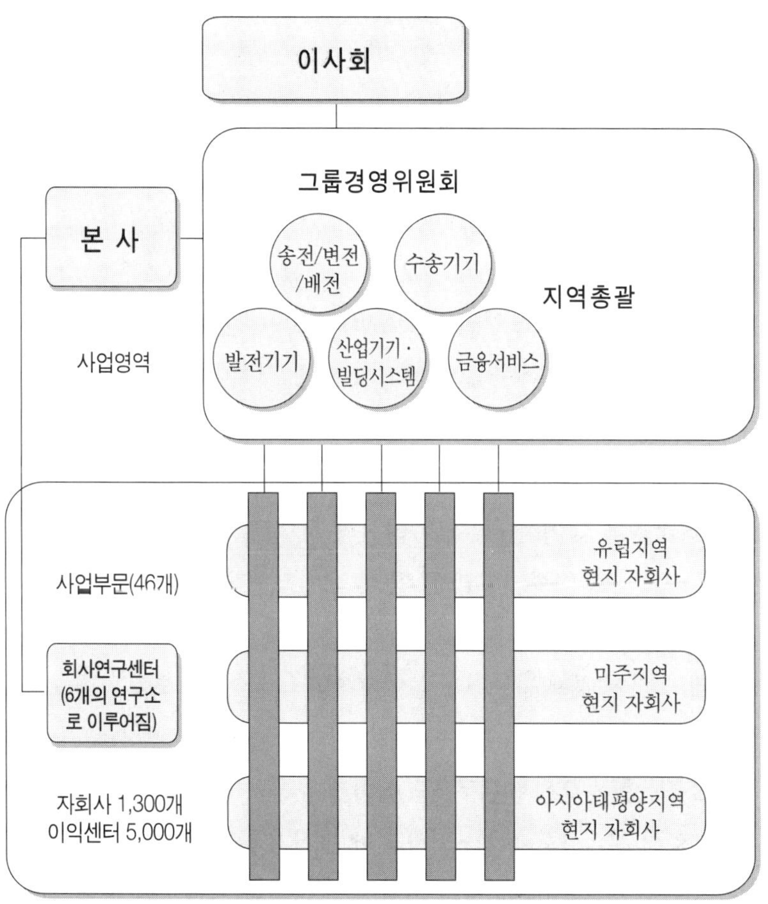

보통 세계의 여러 지역을 돌아다니며 순환근무하는 그들은 조직을 하나로 묶는 매개체의 구실을 한다. 그들은 또 세계 각지에서 얻은 지식과 노하우를 회사 내에 퍼뜨리고, 회사의 경영진에게 다양한 시각을 제공하는 등의 중요한 일을 하고 있다.

■ 글로벌 · 비즈니스 · 플랫폼

바르네빅 회장의 철학을 반영한 세분화 · 분권화 외에 ABB의 조직설계에서 크게 눈에 띄는 점이 또 하나 있다. 그것은 개별적으로 보면 경쟁우위를 갖고 있을 것 같지 않은 세분된 조직단위(보통 현지의 사업부)가 정보 네트워크로 연결됨으로 말미암아 부품 조달이나 제조 등의 측면에서 규모의 경제를 실현하고 있다는 것이다. 이것은 ABB가 한 나라만을 상대하던 현지사업(local business)을 글로벌 · 비즈니스 · 플랫폼(GBP)에 올려 그것을 글로벌 사업(global business)으로 바꿈으로써 국경을 넘어선 규모 및 연결의 경제를 가능하게 만들기 때문이다. ABB는 또 이렇게 GBP를 통해 세계적인 규모로 사업을 전개하게 된 사업부서에 세계 각지의 연구소에서 축적한 연구성과를 제공함으로써 그것의 경쟁력을 더욱 높이고 있다.

■ 조직통합에 의한 경쟁우위의 실현

앞으로의 지식사회에서는 회사 안에 흩어져 있는 지식을 잘 결집하는 것은 물론이고, 전세계에 널리 퍼져 있는 다양한 경영자원을 잘 결합하여 새로운 가치를 창출하는 것이 기업경쟁력의 열쇠이다. 이러한 시대의 흐름을 미리 간파한 ABB는 조직을 소규모로 세분하고 책임과 권한을 부여함으로써 각 개인의 활력을 높이고, 시장과 고객에 밀착하여 그들의 욕구에 신속하고 정확하게 대응하는, 수준 높은 경영을 하고 있다.

　명쾌한 비전과 공유된 가치관을 바탕으로 조직 안팎에 널리 분산된 지식과 정보를 통합하여 큰 부가가치를 생산하고 있는 ABB는 조직통합의 새로운 패러다임을 보여주고 있는 좋은 본보기이다.

포드 2000:포드의 야심찬 세계화 계획

■ 포드 2000의 출범 경위

1993년 10월 15일, 세계 제2의 자동차회사 포드(Ford)의 북미사업본부와 유럽사업본부에서 근무하는 15명의 고위경영자들이 영국 런던에 모인다. 포드의 회장으로 갓 임명된 알렉스 트로트만(Alex Trotman)이 주재하는 회의에 참석하기 위해서이다. 이 회의가 열릴 당시의 포드는 사실 큰 어려움에 처해 있지는 않았다. 2년을 연속해서 적자를 냈던 포드는 93년에는 꽤 많은 이익을 올리고 있었으며, 유럽에서는 시장선도기업(market leader)이었다. 또 미국에서는 GM과의 간격을 꾸준히 좁혀가고 있었다.

그러나 이즈음, 트로트만은 10년 후에는 상황이 완전히 달라져 있을지도 모른다고 걱정한다. 그것은 포드가 강한 지역은 연성장률이 2%밖에 안 되는 성숙시장인 데 반해, 급성장하고 있는 아시아시장에서는 일본회사들의 세력이 매우 빨리 커지고 있었기 때문이다. 90년대 초 아시아 자동차시장의 규모는 서유럽시장의 절반 정도인 680만 대였는데, 이것이 2004년에는 미국시장보다 25%나 큰 1천9백만 대가 될 것으로 예상되었다.

일본회사들의 강점 중의 하나는 그 전설적인 '린 생산(lean production)' 이었다. 도요타의 노동자들은 1년에 평균 37대의 자동차를 생산하는데, 포드의 노동자는 20대밖에 못 만든다. 게다가 일본회사들은 세계화를 통한 규모의 경제를 더 많이 누리고 있었다. 예를 들어,

포드 차 중에서 가장 잘 팔리는 토러스(Taurus)의 연판매량은 50만 대인데, 도요타는 코롤라(Corolla)를 1년에 140만 대나 팔고 있다. 뿐만 아니라 일본인들은 미국에 공장을 더 많이 짓고, 아시아와 라틴아메리카에서도 생산시설을 늘릴 계획을 세우는 등 세계화를 향한 행군의 고삐를 늦추지 않고 있었다.

이대로 가면 그들의 생산원가가 더 떨어질 것이 틀림없었다. 런던에 모인 포드의 경영자들은 이렇게 발빠르게 움직이는 일본회사들에 비해 그들의 회사는 훨씬 느리고 덜 세계화되었다는 사실을 잘 알고 있었다. 포드는 최신모델 콘투어/미스틱(Contour/Mystique)[3]을 시장에 내놓기까지 60억 달러를 투자하였는데, 이것은 경쟁사들이 쓰는 돈의 무려 네 배나 되는 액수였다. 또 토러스를 개조하는 데 5년이나 걸렸는데, 일본회사들은 2년 내에 새 모델을 개발할 수 있는 능력을 갖고 있었다.

런던회의의 목적은 엔진, 변속기, 차축(axle) 등의 생산을 범세계적으로 통합·조정함으로써 규모의 경제를 실현하는 가능성을 논의하는 것이었다. 그러나 회의 도중 트로트만은 통합·조정의 범위를 엔진이나 변속기에만 한정할 필요가 없다는 생각을 갖게 된다. 그래서 그는 한층 더 급진적인 구상을 한다. 그리하여 이 회의가 끝난 후 트로트만은 24명으로 이루어진 팀을 만들고, 그들로 하여금 좀더 획기적인 방안을 검토하게 한다.

회사 안에서 아주 명망이 높은 행크 닉콜(Hank Nickol)이 이끄는 이 팀은 93년 크리스마스 직전에 미시간 주 디어본(Dearborn)에 있는

---

3) 유럽에서는 몬데오(Mondeo)라고 불림.

포드의 본사에서 그들의 연구결과를 발표한다. 그 직후 포드의 이사회는 안건으로 올라온 과감한 세계화계획을 승인한다. 이렇게 해서 확정된 것이 바로 '포드 2000' 이다.

■ '포드 2000' 의 시행

'포드 2000' 의 핵심은 당시 외형 230억 달러의 유럽사업본부와 1천 50억 달러의 북미사업본부를 합치는 것이다. 그런데 이 두 사업본부는 그 동안 별개의 경영구조 · 제품 · 공장을 갖고 있었고 또 경영방식도 서로 달랐기 때문에, 이것은 사실상 두 개의 거대기업을 합병하는 것이나 마찬가지였다. 그래서 이 프로그램은 조직에 큰 변혁을 가져올 수밖에 없었다.

예를 들어, 1995년 1월 이후 2만 5천 명의 관리자들이 새 보직을 받았거나 상관이 바뀌었다고 한다. 그렇기 때문에 포드 2000이 성공하려면 종업원들의 이해와 동의가 반드시 필요했다. 이것을 누구보다도 잘 알고 있는 트로트만은 손수 나서서 종업원들에게 포드 2000의 당위성을 역설한다. 변화를 일으키는 데 있어서 커뮤니케이션의 중요성은 아무리 강조해도 지나치지 않는다는 사실을 그는 일찌감치 깨닫고 있었던 것이다. 포드는 또한 조직의 변화를 성공적으로 이끈 도요타나 맥도날드 같은 회사뿐만 아니라 변화를 일으키는 과정에서 어려움을 겪은 바 있는 GM 같은 회사들의 사례도 미리 자세하게 연구해두었다고 한다.

1994년 10월, 트로트만은 플로리다 주 올란도(Orlando)에 있는 디즈니월드(Disney World)의 회의센터에서 그 곳에 모인 2,000명의 고위간부들에게 연설한다. 이것은 그야말로 그의 설득작업의 정점이었다. "포드 2000은 단순히 조직도를 다시 그리는 것이 아니고, 완전히 새로운 방식으로 일하는 것"이라고 그는 힘주어 말했다. 그리고 그 목표는 단지 원가를 내리고 효율을 높이는 것이 아니라 세계를 깜짝 놀라게 할 차를 만드는 것이라고 하였다.

이 연설이 끝난 후 그는 청중들로 하여금 호텔 로비에 마련해놓은 '약속의 벽(wall of commitment)'에다 각자의 이름을 써넣도록 했다. 즉 참석자 모두에게서 포드 2000에 협조하겠다는 약속을 받아낸 것이다. 이 때 그곳에 모였던 사람들은 서로 얼싸안고 다짐을 하는 등 감정이 북받치는 장면이 연출되었다고 한다. 그 후 전세계의 32만 포드 종업원들은 비디오를 통해 트로트만의 이 연설을 모두 듣게 된다.

그러면 포드 2000이 시행되면서 포드는 어떻게 달라졌는가?

■ 성과 및 앞으로의 과제

포드의 북미사업본부와 유럽사업본부는 포드자동차사업본부(Ford Automotive Operations)로 통합되었으며, 이 회사의 사장으로는 하겐록커(Hagenlocker)가 취임한다.

그는 네 사람의 기능 담당 부사장으로부터 보고를 받는다. 네 사람의 부사장은 신제품개발, 판매 및 마케팅, 생산, 구매를 각각 맡고 있는데, 그들의 임무는 주로 각 분야에서의 가장 좋은 경영방식·기법을 전세계에 퍼져 있는 포드 사업장에 도입하거나 퍼뜨리는 것이다.

부사장들 중에서는 일본회사들을 따라잡을 수 있을 만큼 새로운 모델을 빨리 그리고 싸게 개발해야 하는 잭 내써(Jac Nasser) 신제품개발 담당 부사장의 책임이 가장 막중하다고 할 수 있다.

포드는 포드 2000을 시작하면서 크게 두 가지의 목표를 세운다.

하나는 1년에 약 30억 달러를 절약하는 것이고, 또 하나는 신제품 개발에 드는 시간을 현재의 37개월에서 2년 이하로 줄이는 것이다. 이 밖에 포드는 주문에서 배달까지의 시간(order-to-delivery cycle)을 15일 이하로 하고, 2005년까지는 차량플랫폼(vehicle platform)의 수를 절반으로 줄이되, 거기에서 생산되는 모델의 수는 50% 늘리려고 한다.

포드는 또 여러 부문의 전문가들(디자이너, 엔지니어, 마케팅, 생산 등)로 제품개발팀을 구성하고 그들로 하여금 함께 신제품을 개발하게 하고 있다. 이렇게 하는 까닭은 만들 수 없거나 팔리지 않는 차를 설계하는 일이 없도록 하기 위해서이다.

<그림 5-16> 포드의 순이익

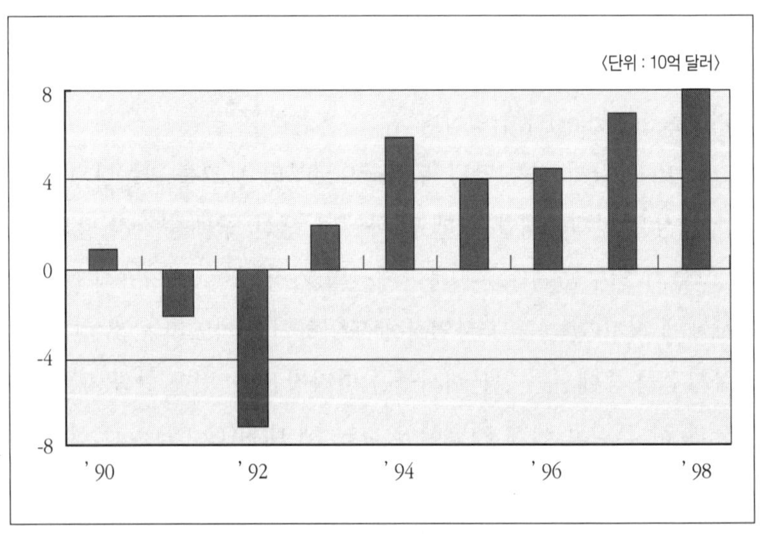

포드는 이 프로그램을 시행하기 시작한 이후 95년에 이익이 22%나 떨어지는 등 어려움을 겪기도 한다. 그러나 트로트만과 잭 내써의 강력한 지도력과 정성으로 이 프로그램은 큰 효과를 내고 있다. 즉 포드는 '포드 2000' 덕분에 매년 약 30억 달러를 절약하고 있으며, 그 결과 95년 이후부터는 이익이 꾸준히 늘고 있다(그림 5-16 참조). 또 97년에는 GM보다 이익을 더 많이 올렸으며, 미국에서도 GM과의 시장점유율 차이를 차차 좁혀가고 있다.

1998년 트로트만 회장이 은퇴하고 포드 2000을 성공적으로 추진해온 잭 내써가 회장으로 취임한다. 과감한 의사결정과 추진력으로 이름난 내써이지만 그에게 떨어진 과제는 결코 만만치 않다. 특히 세계의 자동차 생산능력이 수요를 25~30% 정도 웃도는 상황에서 포드가 앞으로 어떻게 만족할 만한 수익성을 유지하느냐는 그가 꼭 풀어야 할 화두이다.

그림 및 표 찾아보기

회사 이름 찾아보기

사례로 배우는 경영의 슬기

1999년 5월 2일 1판 1쇄 펴냄 / 2003년 4월 15일 1판 3쇄 펴냄   펴 냄
유필화   지은이
김철종   펴낸이
(주)한언   펴낸곳
등록번호 제1-128호 / 등록일자 1983. 9. 30
서울시 마포구 신수동 63-14 구 프라자 6층(우 121-854)   주 소
TEL. (대)701-6616 / FAX. 701-4449
www.haneon.com   홈페이지
haneon@haneon.com   e-mail

한언의 사명선언문

一. 우리는 새로운 지식을 창출, 전파하여 전 인류가 이를 공유케
　　함으로써 인류문화의 발전과 평화에 이바지한다.

一. 우리는 끊임없이 학습하는 조직으로서 자신과 조직의 발전을 위해
　　쉼없이 노력하며, 궁극적으로는 세계 최고의 출판사를 지향한다.

一. 우리는 정신적, 물질적으로 세계 초일류 출판사에 걸맞는 최고
　　수준의 복지를 실현하기 위해 노력하며, 명실공히 초일류 사원들의
　　집합체로서 부끄럼없이 행동한다.

저희 한언인들은 위와 같은 사명을 항상 가슴 속에 간직하고
양질의 책을 만들기 위해 최선을 다하고 있습니다.
독자 여러분의 아낌없는 충고와 격려를 부탁드립니다.

- 한언가족 -

Haneon's Mission statement

—. We create and broadcast new knowledge for the advancement of
the whole human race and world peace.

—. We do our best to improve ourselves and the organization, with
the ultimate goal of striving to be the best publishing company in
the world.

—. We try to realize psychological and physical welfare of the
highest quality, welfare that is fitting of the best publishing
company. Our employees are proud members of this outstanding
organization and behave in a manner that reflects our mission.

We, Haneon's members, always try out best to keep this
mission in mind and to produce good quality books.
We appreciate your feedback without reservation.

- Haneon family -